Python
活用
ハンドブック

日向俊二◉著

はじめに

　Python は単純なプログラムから高度な目的にまで活用できる優れたプログラミング言語です。

　Python には、基本的な機能を提供する一連の関数が組み込まれていることに加えて、さまざまな機能を提供するモジュールと呼ばれるプログラミングのパーツが提供されているので、それを利用することで高度なことを容易に実現することができます。

　本書では目的別に Python を活用するための組み込み関数やモジュールとその使い方の例を示します。たとえば、集計・統計に関する演算を行う方法や、Microsoft のオフィスドキュメントを Python のプログラムで読み込んで利用する方法から、サウンドの鳴らし方まで、広範囲のテクニックを取り上げます。

　本書で扱うのは比較的頻繁に使われる重要なテクニックです。基本的なモジュールとして公式ドキュメントの「Python 標準ライブラリ」に掲載されているモジュールだけでなく、組み込み関数と、別に提供されていて便利に使えるモジュールもいくつか取り上げますが、当然ながらあらゆるモジュールをカバーしているわけではありません。また、開発ツールやフレームワークに関することは扱いません。

　本書は、必要に応じてやりたいことが書かれている項目を読んでも構いませんし、Python の入門書などで Python の最も基本的なことを学習した後で本書全体を通読して Python の使い方を整理したり、Python でできることを把握するのにも役立ちます。さらには、本書で関数とモジュールの使い方を理解すれば、本書で取り上げていないモジュールの使い方を理解することに大いに役立つでしょう。

　本書を参考にして Python を十分に活用してください。

■ 本書の表記

Italic	そこに具体的な文字や数値が入ることを表します。たとえば「Python 3.*x*」は、*x* に数値が入り、「Python 3.6」や「Python 3.7」となることを表します。
[...]	書式の説明において、[と] で囲んだものは省略可能であることを示します。
>>>	Python のインタープリタのプロンプトを表します。掲載しているコードサンプルで >>> の後にプログラムコードが続く場合は、Python のインタープリタで対話的に実行していることを表します。
> または $	OS のコマンドプロンプトを表します。
Bold	プロンプトに対してキーボードから入力する部分は太字で表します。
∟	コードの 1 行が長く、紙面の都合で折り返して記載する場合に、継続行の先頭にこのマークを付けます。
Note	補足説明や知っておくと良い事柄です。

■ ご注意

- 本書の内容は本書執筆時の状態で記述しています。執筆時の Python の最新のバージョンは 3.7 です。将来、Python のバージョンが変わるなど、何らかの理由で記述と実際とが異なる結果となる可能性があります。

- 本書では Python 3 を使う前提で説明します。Python 2 と Python 3 では異なる部分が多数あり、本書の内容の多くは Python 2 にはそのままでは適用できないかまったく適用できません。本書のコードの動作を確認した Python のバージョンは 3.7 です。

- 本書は Python や Python で使うことができるモジュールについてすべ

て完全に解説するものではありません。本書では、どのような目的に
対してどのようなモジュールの関数／メソッドを使うことができるの
かということを紹介していますが、すべての関数／メソッドやそのパ
ラメータを網羅した完全なリファレンスではありません。必要に応じ
て Python のドキュメントなどを参照してください。

- 本書のサンプルは、プログラミングを理解するために掲載するもの
です。実用的なアプリとして提供するものではありませんので、ユー
ザーのエラーへの対処やその他の面で省略してあるところがあります。
- ビープ音やサウンドの鳴るプログラムを実行する前に、必ずシステム
の音量を小さく設定してください。

▌本書に関するお問い合わせについて

本書の内容に関するご質問等は、sales@cutt.co.jp 宛に E メールでお問い
合わせください。

なお、本書の記載内容から外れるご質問等には回答できません。あらかじ
めご承知おきください。

お問い合わせの際には下記事項を明記してください。

- 氏名
- 連絡先メールアドレス
- 書名
- 記載ページ
- お問い合わせ内容
- 実行環境

第11章　オフィスドキュメントの操作……225

第12章　HTML/XML の操作……241

Python の文法

ここでは、Python の文法と、Python に組み込まれている関数など、基本的事項を簡潔にまとめて示します。

1.1 キーワード

　キーワードは Python が使うために予約されていて、変数や関数などの名前として使うことができないワードです。たとえば、「and = 12」のように、キーワードを変数名として使おうとするとエラー「SyntaxError: invalid syntax」になります。

【and】

　左辺と右辺の値の論理積を求めます。つまり、and の両辺が True の場合に限って True になります。次の例は、x > 2 かつ y < 10 の場合に True と出力します。

```
>>> x = 3; y = 4
>>> if x > 2 and y < 10:
...     print('True')
...
True
```

【as】

　モジュールをインポート（import）するときと、ファイルを with で読み込むときに名前を割り当てます。

　たとえば、tkinter をたびたび使う場合に、as を使って別の名前 Tk を付けてインポートすると、Tk という省略した名前で指定することができます。つまり、

```
import tkinter
application = tkinter.Tk()
```

と

```
import tkinter as Tk
application = Tk.Tk()
```

は同じ効果を持ちます。

次に示すのは、with と as を使って、ファイルを開いて読み込み、読み込んだ内容を出力する例です。

```
with open("sample.txt", "r") as txtin:
  print(txtin.read())
```

【 assert 】

式の診断を行います。次の形式で使います。

```
assert  expression, message
```

assert が実行されたとき、expression が False（偽）であれば、AssertionError を発生させて、エラーメッセージ message を出力してプログラムの実行を停止します。

次の例では、x が負の値であるときに「x は 0 以上の値でなければならない」というメッセージを出力してプログラムを停止します。

```
assert x >= 0, "xは0以上の値でなければならない"
```

assert は、論理的に特定の値にならなければならないような場所で条件を満たしているかどうか調べるときに使います。一般的には、デバッグの目的で、ある変数の値が特定の値や範囲になるかどうかをチェックするときなどに使われます。

【 break 】

while 文や for 文のループを途中で終了して、ループの次の文に制御を
移します。

次の例では、while 文の無限ループで i が 5 以上になったときにループ
を抜けます。

```
i = 0
while (True):
    i += 1
    if i>5:
        break
    print(i)
```

【 class 】

クラスを宣言するときに使うキーワードです。クラスには、次のようなも
のを定義することができます。

- クラス全体で共通となるクラス変数
- インスタンスごとに異なる値を保存できるインスタンス変数
- クラスのインスタンス（オブジェクト）を作成するときに呼び出され
  るコンストラクタ（__init__(self)）
- クラスのコードを記述するメソッド

次のプログラムは、円を表すクラス Circle を定義して利用する例です。

リスト1.1 ● classsample.py

```
# classsample.py
# -*- coding:utf-8 -*-

class Circle:
    PI = 3.14                          # クラス変数
```

```
    def __init__(self):           # コンストラクタ
        self.r = 10.0             # インスタンス変数

    def getArea(self):            # getArea()メソッド
        return self.r * self.r * self.PI

    def getR(self):               # getR()メソッド
        return self.r

    def setR(self, r):            # setR()メソッド
        self.r = r

c = Circle()                      # クラスのインスタンスを作成
c.setR(5)                         # 半径を指定
print(c.getArea())                # 面積を出力
```

　上のコードはスクリプト（Python のソースコード）の例です。Python
のインタープリタでこれらのコードを実行するときには、クラスのメンバー
の間に空行を入れてはなりません。次のように実行します。

```
>>> class Circle:
...     PI = 3.14                 # クラス変数
...     def __init__(self):       # コンストラクタ
...         self.r = 10.0         # インスタンス変数
...     def getArea(self):        # getArea()メソッド
...         return self.r * self.r * self.PI
...     def getR(self):           # getR()メソッド
...         return self.r
...     def setR(self, r):        # setR()メソッド
...         self.r = r
...
>>> c = Circle()                  # クラスのインスタンスを作成
>>> c.setR(5)                     # 半径を指定
>>> print(c.getArea())            # 面積を出力
78.5
```

なお、PI はクラス変数なので、クラスの外で参照するときには「pi = Circle.PI」のようにクラス名で修飾して使います。

■クラスの継承

クラスは他のクラスを継承することができます（クラスが他のクラスを派生することができるともいえます）。

派生元のクラスを親クラス（スーパークラスともいう）といい、派生したクラスを子クラス（サブクラス）といいます。

次に示すのは、親クラス Animal を継承する Dog クラスの例です。

```python
class Animal(object):
    leg = 4

class Dog(Animal):
    def __init__(self, name):       # コンストラクタ
        self.name = name            # インスタンス変数

pochi = Dog('Pochi')
print(pochi.leg)                    # 4が返される
```

■特殊メソッド

オブジェクトの比較演算子に対応する機能を特殊メソッドとして定義することができます。次のような比較演算子と対応する特殊メソッドがあります。

表1.1●オブジェクトの比較演算子の特殊メソッド

演算子	特殊メソッド
<	object.__lt__(self, object)
<=	object.__le__(self, object)
==	object.__eq__(self, object)
!=	object.__ne__(self, object)
>	object.__gt__(self, object)
>=	object.__ge__(self, object)

これらのメソッドを定義するときには、True か False を返すようにします。

次に示すのは、同じであるかどうかを判断する特殊なメソッド __eq__ と、異なるかどうかを判断する __ne__ を定義した例です。__eq__ は演算子 == で、__ne__ は演算子 != で機能します。

```python
class Dog():
  def __init__(self, name):
    self.name = name
  def __eq__(self, arg1):          # 特殊メソッド
    return self.name == arg1.name
  def __ne__(self, arg1):          # 特殊メソッド
    return self.name != arg1.name

x = Dog('pochi')
y = Dog('Pochi')
z = Dog('pochi')

print(x == y)    # Falseになる
print(x == z)    # Trueになる
print(x != y)    # Trueになる
print(x != z)    # Falseになる
```

【continue】

while 文や for 文のループで、ループの途中からループの先頭にジャンプします。continue 文以降ループの最後までの文はすべて実行しません。

次の例では、for 文のループで、i が奇数の時にはループの先頭にジャンプして continue の次の print() を実行しないことによって、偶数だけを出力します。

```python
for i in range(10):
    if i % 2 == 1:
        continue
    print(i)
```

【def】

関数やメソッド（クラスの内部に定義した関数）を定義するときに使うキーワードです。

```
def name([arg1, arg2...]):
    [return x]
```

name は関数の名前、arg1、arg2、……は関数が呼び出される時に渡される引数です。

関数の定義の中で return を使って値を返すことができます（他の一部のプログラミング言語とは違って、値を返さなくても構いません）。

次に示すのは、2 つの引数 a と b を加算した値を返す関数 add() を宣言して定義し、それを使う例です。

```
def add(a, b):
    return a+b

x=1; y=3
print(add(x, y))
```

【del】

すでに定義してある名前を削除します。

次に示すのは、変数 x を定義して使った後で del で変数 x を削除して再び使うと NameError が生成されることを Python のインタープリタで実行して示した例です。

```
>>> x=1
>>> print(x)
1
>>> del x
>>> print(x)
```

```
Traceback (most recent call last):
  File "<stdin>", line 1, in <module>
NameError: name 'x' is not defined
```

　同じ名前を他の目的に使うために削除するだけでなく、使わない変数や関数などを明示的に削除することで、予期しないバグを防ぐことができます。

【 elif 】

　if文の条件判断を続けて記述します。elifはelse ifを省略したもので、Pythonではelse ifではなくelifの形式で使います。
　使用例を次に示します。

```
if x == 0:
    print('ゼロ')
elif x < 0:
    print('負')
else:
    print('正')
```

　次の例のように、elifを繰り返し使うこともできます。

```
if w < 40:
    print('痩せすぎ')
elif w < 60:
    print('ちょっと軽め')
elif w < 75:
    print('がっちりしている')
else:
    print('ダイエットしましょう')
```

【 else 】

if 文の else 節には、if 文の条件判偽の場合の文を記述します。
使用例を次に示します。

```
if x >= 0:
    print('正かゼロ')
else:
    print('負')
```

【 except 】

try ～ except の例外処理構文で、例外が発生した場合の処理を記述します。try の項目を参照してください。

【 finally 】

try ～ except の構文で最終的に必ず実行する処理を記述します。try の項目を参照してください。

【 for 】

for 文には繰り返す処理を記述します。for 文の最も一般的な書式は次の通りです。

```
for var in seq:
    stats
```

var は繰り返しの制御変数、seq は繰り返しの範囲、stats は繰り返すプログラムコードです。繰り返すプログラムコードは複数でもかまいません。

次の例は、0から4までの整数とその2乗を出力します。

```
for i in range(5):
    print(i, '=>', i*i)
```

for ループは、一般的には、繰り返す回数があらかじめわかっている場合に使います。これに対して、繰り返す回数があらかじめわかっていない場合には一般的には while ループを使います。

【 from 】

指定したモジュールの中の関数や定数だけをインポートするときに使います。

次の例では、random というモジュールの関数 randint() だけをインポートします。このようにした場合、モジュール名で修飾しないで関数を使うことができます。

```
from random import randint

randint(1, 10)
```

次の例のように特定の定数だけをインポートしたい場合にもよく使います。

```
from pygame.locals import QUIT, KEYDOWN, K_ESCAPE, MOUSEBUTTONDOWN
```

【 global 】

スコープが及ばないところ（名前を参照できないところ）でグローバル変数を使うことを宣言します。

次に示すのは、count というグローバル変数を関数 countup() の中で利用するために global 宣言する例です。

```
count = 0

def countup():
    global count
    count += 1

print('count=', count)
countup()
print('count=', count)
```

「global count」がないと、関数 countup() の中でグローバル変数としての count は使えません（関数の中でだけ有効なローカル変数と解釈されます）。

一般的には、グローバル変数を多用すると追跡困難なバグの原因となることがあるので、グローバル変数は限定して使うべきです。

【 if 】

条件式が真であるかどうか調べて、その結果で次のステートメントを実行する if 文を記述するときに使います。

使用例を次に示します。

```
if x == 0:
    print('ゼロ')
```

【 import 】

指定したモジュールをインポートするときに使います。

次の例では、random というモジュールをインポートします。このようにした場合、関数や定数を使うときにはモジュール名で修飾する必要があります。

```
import random
```

```
random.seed()

random.randint(1, 10)
```

　fromを使って特定のメソッドをインポートすると、修飾なしでメソッドを使うことができます。

```
from math import sqrt
sqrt(2.3)                # math.sqrt(2.3)としなくてよい
```

　また、asを使って別の名前を付けることができます。

　たとえば、tkinterをたびたび使う場合に、asを使って別の名前Tkを付けてインポートすると、Tkという省略した名前で指定することができます。つまり、

```
import tkinter
application = tkinter.Tk()
```

と

```
import tkinter as Tk
application = Tk.Tk()
```

は同じ効果を持ちます。

【 in 】

　for文のようなリストやTuple（タプル）などの要素ごとに繰り返すループなどで、1つの要素を表すときに使います。

　次の例は、0から4までの整数とその2乗を出力します。

```
for i in range(5):
    print(i, '=>', i*i)
```

【 is 】

is は左辺と右辺が同じであるかどうか比較します。オブジェクトの比較や、None であるかどうかを調べるときに使います。

次の例は、data が None であるかどうか調べます。

```
data = None

if data is None:
    print('dataは空です')
```

data が定義されていないときには、例外「NameError: name 'data' is not defined」が生成されます。

【 lambda 】

キーワード lambda を使ってラムダ式（無名式）を定義することができます。書式は次の通りです。

```
name = lambda args: exp
```

name はラムダ式に付ける名前、args は引数、exp は実行される式で、この値が返されます。ラムダ式は、sorted()、map()、filter() などのアルゴリズムの中で使うと便利です。

次に示すのは、引数の値を 2 倍にするラムダ式に doubled という名前を付けて実行した例です。

```
>>> doubled = lambda x: x * 2
>>> doubled(2)
4
>>> doubled(5)
10
```

上の doubled() を通常の関数定義に置き換えると、次のようになります。

```
def doubled(x):
    return x * 2
```

関数を定義して呼び出すようにするよりラムダ式にしたほうが効率が良くなる可能性がある場合があります。

【not】

not は True の値に付けて False にし、False の値に付けて True にします。
使用例を次に示します。

```
>>> x=True
>>> not x
False
```

not は if 文や while 文などの条件式で便利に使うことができます。

【or】

or は、左辺と右辺の値の論理和を求めます。次に示すのは、x < 2 または y < 10 の場合に True と出力する例です。

```
>>> x = -1; y = 4
>>> if x < 2 or y < 10:
...     print('True')
...
True
```

【 pass 】

あえて何もしないことを記述するときに使います。次の例は、クラスのコンストラクタで何もしないことを指定します。

```
class Sample:
    def __init__(self):      # コンストラクタ
        pass                 # なにもしない
```

【 raise 】

raise は例外を生成します。書式は次の通りです。

```
raise exceptclass(message)
```

exceptclass は生成する例外クラス、message は例外が発生させたときに出力するメッセージで、このメッセージは省略可能です。

独自の例外クラスを定義して例外を生成することもできます。次に示すのは、引数（割る数）がゼロである場合に例外を生成する関数を実行する例です。

```
>>> def div100(n):
...     if n == 0:
...         raise Exception('ゼロで割ったらあかんよ')
...     return 100/n
...
>>> div100(1)
100.0
>>> div100(0)
Traceback (most recent call last):
  File "<stdin>", line 1, in <module>
  File "<stdin>", line 3, in div100
Exception: ゼロで割ったらあかんよ
```

【 return 】

キーワード return は、関数やメソッドの定義の中で return を使って値を返すときに使います。また、値を返さずに単に呼び出し側に制御を戻す（リターンする）ときにも使います。

次に示すのは、2 つの引数 a と b を加算した値を返す関数 add() を宣言して定義し、それを使う例です。

```
def add(a, b):
    return a+b

x=1; y=3
print(add(x, y))
```

次に示すのは、引数が負の値の場合に関数の途中で呼び出し側に制御を戻す（リターンする）例です。

```
def isPositiveValue(a):
    if (a<0):
        print('aは負の数')
        return
    print('aは正の数')

isPositiveValue(1)
isPositiveValue(-1)
```

【 try 】

try 〜 except の形式で使って、例外が発生する可能性がある文を実行します。例外が発生すると except 節の文が実行されます。

次に示すのは、割り算でゼロで割ろうとしたときにメッセージ「ゼロで割ることはできません」を出力する例です。

```
try:
    z = x / y
```

```
except ZeroDivisionError:
    print('ゼロで割ることはできません')
```

ここで、ZeroDivisionError はゼロで割ろうとしたエラーを表すあら
かじめ定義されている定数です。

例外が発生してもしなくても実行したいことは finally 節に記述します。
次の例では、「計算を試みました」が必ず出力されます。

```
try:
    z = x / y
except ZeroDivisionError:
    print('ゼロで割ることはできません')
finally:
    print('計算を試みました')
```

【 while 】

繰り返しを行うループを作成するときにその先頭で使い、繰り返しを継続
する条件を満たしているかどうかを調べます。書式は次の通りです。

```
while cond:
    stats
```

ここで、cond は繰り返しを継続する条件、stats は繰り返すプログラム
コードです。繰り返すプログラムコードは複数でもかまいません。

while ループは、一般的には、繰り返す回数があらかじめわかっていな
い場合に使います。

次の例では、i が 10 未満である限り 2 で割ると余りがゼロになる場合に
その数を出力することを繰り返し続けて、結果として 8 以下の偶数を出力
します。

```
i= 0
while (i<10):
```

```
    if (i % 2==0): print(i)
    i+= 1
```

【 with 】

何らかの処理を始めたときに必要なリソースを取得し、終了したときにリソースを開放することができます。これは、ファイルやデータベースへのアクセスや通信などの時に使うと便利です。

次の例では、ファイルを開いて読み込み、読み込んだ内容を出力します。

```
with open("sample.txt", "r") as txtin:
  print(txtin.read())
```

【 yield 】

要素を取り出そうとするたびに処理を行って、個々の要素を生成することができるようにします。膨大な要素の処理を一度に行うとリソースを消費しすぎるような場合に、それを避けるために使うことができます。

次の例では、yield を使って関数の結果を 1 つずつ取り出します。

```
>>> def steps(x, y):
...     yield x
...     yield x + y
...     yield x * 2 + y
...
>>> x = steps(2, 3)
>>> x.__next__()
2
>>> x.__next__()
5
>>> x.__next__()
7
```

1.2 行・空白・インデント

Python のソースコードでは、行とインデントの概念が特に重要です。

【行】

Python のコード行は、原則として物理的な行と一致します。ただし、行末に ¥ または \ を記述することで次の行に続けることができます（本書では ¥ を使います）。

```
a = (x0 - x1) * (x0 - x1) + ¥
    (y0 - y1) * (y0 - y1)
```

また、;（セミコロン）でつなげることによって 1 行に複数の文を記述することができます。

```
>>> x = 3; y = 4
```

3 個の "（ダブルクォーテーション）で囲むことによって、長い文字列を定義することもできます。

```
str = """Pythonでプログラミングすることは、どちらかといえば
手軽に取り掛かることができます。"""
```

【空白】

行の先頭の空白を除く、キーワードや名前の後の空白は自由に入れることができます。たとえば、次の 2 つの文は同じです。

```
print    (  'Hello , Python!'  )
print('Hello , Python!')
```

空白を入れた複数の文字列を 1 つの文字列として定義することができます。

```
>>> str= "abcdef" "1234567890" 'XYZ'
>>> str
'abcdef1234567890XYZ'
```

【 インデント 】

行頭の空白はインデントを表します。空白の量は、インデントの深さを表します。

Python では、インデントはコードのブロック（かたまり）を表します。

他のプログラミング言語では、ブロックの範囲を { と } や、begin と end などで定義することが多いのですが、Python はインデントだけでブロックを表現します。

次の Python のコードを見てください。

```
x = 1

if x > 0:
    x += 10
    print(x)
```

これは、C/C++ の次のコードと同じです。

```
    int x = 1;

    if (x > 0) {
        x += 10;
        printf("%d\n", x);
    }
```

次の例では、i が 10 未満である限り 2 で割ると余りがゼロになる場合に

その数を出力することを繰り返し続けて、結果として8以下の偶数を出力
します。

```
i= 0
while (i<10):
    if (i % 2==0):
        print(i)
    i+= 1
```

【 空行 】

空行は何も記述しない（改行だけの）行です。

一般的には、空行は意味がありません。しかし、インタープリタで入力し
ながら実行するときには、インデントしているブロックを終了するために空
行を入れる必要があります。

次の例では、0から4までの整数とその2乗を出力した後で「Python」
と出力します。

```
>>> for i in range(5):
...     print(i, '=>', i*i)
...             # インデントしたブロック終了を示す空行
0 => 0
1 => 1
2 => 4
3 => 9
4 => 16
>>> print("Python")
Python
>>>
```

一方、スクリプト（.py ファイルや .pyw ファイルなど）では、次のよう
にインデントしたブロックの終了を示す空行を入れなくても予期した通りに
動作します。

```
for i in range(5):
    print(i, '=>', i*i)
print("Python")
```

しかし、スクリプトファイルでは、見やすさを考慮して、適宜空行を入れることがあります。次に示すのは、見やすさのために空行を入れたスクリプトの例です。

```
class Circle:
    PI = 3.14                    # クラス変数

    def __init__(self):          # コンストラクタ
        self.r = 10.0            # インスタンス変数

    def getArea(self):           # getArea()メソッド
        return self.r * self.r * self.PI

    def setR(self, r):           # setR()メソッド
        self.r = r
```

一方、インタープリタで入力しながら実行するときには、このような空行は（この場合はクラス定義を表す）インデントの切れ目になってしまうので、上のコードと同じようにクラスの定義を継続したい場合は次のように空行なしにしなければなりません。

```
>>> class Circle:
...     PI = 3.14                    # クラス変数
...     def __init__(self):          # コンストラクタ
...         self.r = 10.0            # インスタンス変数
...     def getArea(self):           # getArea()メソッド
...         return self.r * self.r * self.PI
...     def setR(self, r):           # setR()メソッド
...         self.r = r
...
>>>
```

【 コメント 】

コメントは # 以降行末までです。

次の例の 2 行目のように、特別な意味を持つコメントを入れることができます。

```
# drawmisc.py
# -*- coding:UTF-8 -*-      # 文字エンコーディングを指定する
```

次のようにコメント行を ￥（またはバックスラッシュ）で継続することはできません。

```
# コメント ￥
  コメントの続き
```

複数行のコメントを記述したいときには、それぞれの行のコメントの先頭に # を入れます。

```
# コメント
# コメントの続き
```

1.3 数

ここでは、Python で扱うことができる数について概説します。

【 ブール値 】

ブール値（bool 型の値）には True（真）と False（偽）があります。

【 整数 】

整数は小数点以下の数がない数です。

2 進数は 2 進数を表す文字列の先頭に 0b を付けて 0b1010 という形式で表します。

8 進数は 8 進数を表す文字列の先頭に 0o を付けて 0o1070 という形式で表します。

16 進数は 16 進数を表す文字列の先頭に 0x を付けて 0x10FA という形式で表します。

【 実数 】

実数は浮動小数点数として扱います。

浮動小数点数は、値によってはコンピュータの内部表現に変換するときに誤差が発生することに注意してください。たとえば、7.0×0.8 は 5.6 のはずですが、これを計算すると次の例のように 5.6 にはなりません。

```
>>> y = 7.0 * 0.8
>>> y
5.6000000000000005
>>>
```

このことは比較の時には特に注意しなければなりません。次の例の結果は「x と y は違います。」になります。

```
x = 5.6
y = 7.0 * 0.8
if x == y:
    print("xとyは同じです。")
else:
    print("xとyは違います。")
```

誤差が発生する可能性がある比較の時には、たとえば次のようにして値の差が非常に小さいかどうかを調べることが必要になります。

```
x = 5.6
y = 7.0 * 0.8
if abs(x - y) < 0.0000001:
    print("xとyは同じです。")
else:
    print("xとyは違います。")
```

　この例の結果は「x と y は同じです。」になります。
　なお、次の例のように x と y の値を変えると、結果は「x と y は同じです。」になります。

```
x = 5.6
y = 8.0 * 0.7
if x == y:
    print("xとyは同じです。")
else:
    print("xとyは違います。")
```

　実数を表す float クラスにはさまざまなメソッドがあります。たとえば、float.hex() メソッドを使って、浮動小数点数の 16 進表記の文字列を得ることができます。

【 複素数 】

　複素数は「3 + 4j」のように j を使って表します。Python のインタープリタでこの値を調べると次のようになります。

```
>>> x = 3+4j
>>> x
(3+4j)
```

【文字】

Python（バージョン3）の文字にはUnicode文字を使うことができます。

【文字列】

文字列は、'（シングルクォーテーション）または"（ダブルクォーテーション）で囲みます。

文字列の中に文字列を埋め込むときには、'と'で囲った文字列の中に"と"で囲った文字列を埋め込むか、あるいは、"と"で囲った文字列の中に'と'で囲った文字列を埋め込みます。

```
str= "文字列の'中の'文字列"
```

または

```
str= '文字列の"中の"文字列'
```

文字列の中で'や"を使うときには次のエスケープシーケンスを使います。

【エスケープシーケンス】

Pythonのエスケープシーケンスは次の通りです。

表1.2●Pythonのエスケープシーケンス

エスケープシーケンス	意味
¥¥	バックスラッシュ（¥）
¥'	一重引用符（'）
¥"	二重引用符（"）
¥a	ASCII 端末ベル（BEL）
¥b	ASCII バックスペース（BS）
¥f	ASCII フォームフィード（FF）
¥n	ASCII 行送り（LF）

エスケープシーケンス	意味
¥r	ASCII 復帰（CR）
¥t	ASCII 水平タブ（TAB）
¥v	ASCII 垂直タブ（VT）
¥ooo	8 進数 ooo を持つ ASCII 文字
¥xhh	16 進数 hh を持つ ASCII 文字
¥N{name}	Unicode データベース中で名前 name を持つ文字
¥uxxxx	16 ビットの 16 進数値 xxxx を持つ Unicode 文字

次に示すのは、文字列の中に ¥ 記号を埋め込んだ例です。

```
>>> str= "文字列の中に¥¥記号を埋め込む"
>>> print(str)
文字列の中に¥記号を埋め込む
>>> str
'文字列の中に¥¥記号を埋め込む'
```

最後に示した Python の内部の文字列表現では、' 文字列の中に ¥¥ 記号を埋め込む ' のように ¥¥ になっていることに注意してください。

次に示すのは、エスケープシーケンスを使って文字コードで文字を表した例です。

```
>>> s="16進コード¥x41 Unicode文字:¥u3042"
>>> print(s)
16進コードA Unicode文字:あ
```

1.4 組み込み定数

Python の標準の状態で（他のモジュールをインポートしない状態で）使える次のような組み込み定数があります。通常、定数に値を代入しようとす

ると SyntaxError が生成されます。

表1.3●Pythonの標準組み込み定数

定数	説明
False	bool 型の偽の値です。
True	bool 型の真の値です。
None	NoneType 型の唯一の値で、値が存在しないことを表す時によく使われます。
NotImplemented	実装されていないことを示すための値です。
Ellipsis	主に拡張スライス構文やユーザー定義のコンテナデータ型において使われる特殊な値です。
__debug__	デバッグモードであることを表す定数。この定数は、Python に -O オプションを指定して起動したのでなければ True です。
copyright	コピーライト（著作権情報）を表します。
credits	クレジットを表します。

1.5 組み込み関数

Python の標準の状態で（他のモジュールをインポートしない状態で）使える次のような組み込み関数があります。

【 abs() 】

絶対値を返す関数です。書式は次の通りです。

```
abs(x)
```

数 x の絶対値を返します。x は整数または浮動小数点数です。x が複素数の場合は、その絶対値（magnitude）が返されます。

次に示すのは、浮動小数点数と複素数の絶対値を返す例です。

```
>>> abs(-123.45)
123.45

>>> abs(3 + 4j)
5.0
```

【 all() 】

すべての要素が True の場合に True を返す関数です。書式は次の通りです。

```
all(iterable)
```

iterable のすべての要素が True（真）か iterable が空の場合に True を返します。

次に示すのは、tuple を保存してある x に対して all() を使う例です。

```
>>> x = (True, False, True)
>>> all(x)
False
```

【 any() 】

いずれかの要素が True の場合に True を返す関数です。書式は次の通りです。

```
any(iterable)
```

iterable のいずれかの要素が True（真）の場合 True を返します。

iterable が空の場合は False を返します。

　次に示すのは、tuple を保存してある x に対して any() を使う例です。

```
>>> x = (True, False, True)
>>> any(x)
True
```

【 ascii() 】

印字可能な文字列を返す関数です。書式は次の通りです。

```
ascii(object)
```

　オブジェクトの印字可能な表現を含む文字列を返します。返される文字列に制御文字は含まれません。

　使用例を次に示します。

```
>>> x='ABC¥ndef'
>>> print(x)
ABC
def
>>> print(ascii(x))
'ABC¥ndef'
>>>
```

　ascii() が返す値は、文字列の Python の内部の表現と同じです。

【 bin() 】

整数を 2 進文字列に変換する関数です。書式は次の通りです。

```
bin(x)
```

整数を先頭に "0b" が付いた 2 進数の文字列に変換します。
使用例を次に示します。

```
>>> x=0b1010
>>> bin(x)
'0b1010'
>>> d=16
>>> bin(d)
'0b10000'
```

【 bool() 】

ブール値を返す関数です。書式は次の通りです。

```
bool([x])
```

ブール値 (True または False のいずれか) を返します。x が False (偽) か省略されている場合は False を返し、それ以外の場合は True を返します。
使用例を次に示します。

```
>>> bool(1)
True
>>> bool(0)
False
>>> bool()
False
```

【 breakpoint() 】

デバッガを起動する関数です。書式は次の通りです。

```
breakpoint([*args] [, **kws])
```

breakpoint() でプログラムの実行を一時停止します。停止したら、pdb のコマンドを実行できます。このとき実行できるコマンドの一覧は、「(Pdb) help」で次のように表示できます。

```
Documented commands (type help <topic>):
========================================
EOF    cl        disable  interact  next     retval  unalias
a      clear     display  j         p        run     undisplay
alias  commands  down     jump      pp       rv      unt
args   condition enable   l         q        s       until
b      cont      exit     list      quit     source  up
break  continue  h        ll        r        step    w
bt     d         help     longlist  restart  tbreak  whatis
c      debug     ignore   n         return   u       where
```

次に示すのは、for 文の中でブレークポイントを設定する例です。

```
>>> for i in range(5):
...     breakpoint()          # ブレークポイント
...     if i % 2 == 0:
...         print(i)
...
> <stdin>(3)<module>()
(Pdb) i
0
(Pdb) continue
0
> <stdin>(2)<module>()
(Pdb) i
```

```
1
(Pdb) continue
> <stdin>(3)<module>()
```

 この関数は Python 3.7 で追加されました。3.7 以降のバージョンでは、それ以前のバージョンのように pdb をインポートする必要はありません。

【 bytearray() 】

範囲が 0 以上 256 未満の整数の新しいバイト配列を返します。書式は次の通りです。

```
bytearray([source[, encoding[, errors]]])
```

引数 source に文字列を指定した場合は、引数 encoding も指定します。引数が整数の場合、配列はそのサイズになり、null バイトで初期化されます。引数がなければ、長さ 0 の配列が生成されます。

使用例を次に示します。

```
>>> bytearray((0, 1, 0, 1))
bytearray(b'\x00\x01\x00\x01')
>>> bytearray(5)
bytearray(b'\x00\x00\x00\x00\x00')
```

【 bytes() 】

範囲が 0 以上 256 未満の整数のイミュータブルなシーケンスである「bytes」オブジェクトを返します。書式は次の通りです。

```
bytes([source[, encoding[, errors]]])
```

bytes() は bytearray() のイミュータブル版です。使用例を次に示します。

```
>>> bytes((0, 1, 0, 1))
b'\x00\x01\x00\x01'
>>> bytes(5)
b'\x00\x00\x00\x00\x00'
```

【 callable() 】

オブジェクトが呼び出し可能であれば True を返します。書式は次の通りです。

```
callable(object)
```

object が呼び出し可能オブジェクトであれば True を、そうでなければ False を返します。この関数が True を返しても、オブジェクトの呼び出しが失敗する可能性があります。

使用例を次に示します。

```
>>> def printmsg(msg):      # 関数printmsg()を定義する
...     print(msg)
...
>>> callable(print)         # print()は呼び出し可能か調べる
True
>>> callable(printmsg)      # printmsg()は呼び出し可能か調べる
True
```

【 chr() 】

指定した文字を表す文字列を返します。書式は次の通りです。

```
chr(i)
```

Unicode コードポイントが i である文字を表す文字列を返します。引数 i の範囲は 0 ～ 1,114,111（0x10FFFF）です。i がこの範囲外である場合は、ValueError が生成されます。

使用例を次に示します。

```
>>> chr(34)
'"'
>>> chr(0x41)
'A'
>>> chr(0x3042)
'あ'
```

【 compile() 】

ソースコードをコードオブジェクトまたは AST オブジェクトにコンパイルします。書式は次の通りです。

```
compile(source, filename, mode, flags=0,
        dont_inherit=False, optimize=-1)
```

source はソースコードで、文字列、バイト列、AST オブジェクトのいずれでもかまいません。

コンパイルしたコードオブジェクトは exec() 文で実行したり、eval() を呼び出すことで評価できます。

引数 filename には、コードの読み込むファイルを指定します。ファイ

ルから読み込むのでなければ、認識可能な値を渡してください（一般的には '<string>' を使います）。

引数 mode には、コンパイルされるコードの種類を指定します。source が一連の文から成るなら 'exec'、単一の式から成るなら 'eval'、単一の対話的文の場合 'single' です。

オプション引数 flags と dont_inherit は、source のコンパイルに作用させる future 文を制御します。future 文は、将来の Python のリリースでプログラムの互換性を保てるようにするためのコンパイラに対するディレクティブ（指示句）です。オプション引数 flags および dont_inherit については本書では扱いません。詳しくは使用するバージョンの Python ドキュメントを参照してください。

引数 optimize は、コンパイラの最適化レベルを指定します（デフォルト値は-1 でインタープリタのオプション -O で指定されるのと同じ最適化レベルを選びます）。

この関数は、コンパイルされたソースが不正である場合は SyntaxError を、ソースがヌルバイトを含む場合は ValueError を生成します。。

次に示すのは、compile() でコンパイルした後で exec() で実行する例です。

```
>>> src = "for i in range(5): print(i)"
>>> code = compile(src, '<string>', "exec")
>>> exec(code)
0
1
2
3
4
```

【 complex() 】

複素数に変換します。書式は次の通りです。

```
complex([real[, imag]])
```

値 real + imag * 1j の複素数を返すか、文字列や数を複素数に変換します。

第 1 引数は文字列または数値です。

第 1 引数が文字列ならその文字列は複素数と解釈され、第 2 引数は指定してはなりません。

第 1 引数が数値ならそれは複素数の実部で、第 2 引数は虚部です。第 2 引数は省略でき、その場合は虚部はゼロです。引数がすべて省略された場合は、0j を返します。

文字列から変換するときには、演算子の前後に空白を入れてはなりません。たとえば、complex('1+2j') は変換できますが、complex('1 + 2j') は ValueError を生成します。

使用例を次に示します。

```
>>> complex(2, 3)
(2+3j)
>>> complex("2+3j")
(2+3j)
```

【 delattr() 】

属性を削除します。書式は次の通りです。

```
delattr(object, name)
```

第 1 引数 object にはオブジェクトを指定します。第 2 引数 name には

オブジェクトの属性のうちいずれかの名前を指定します。

Dog クラスの属性 name を削除する例を次に示します。

```
class Dog():
    def __init__(self, name):    # コンストラクタ
        self.name = name         # インスタンス変数

dog1 = Dog("ポチ")
print(dog1.name)                 # エラーにならないで「ポチ」が出力される
delattr(dog1, "name")
print(dog1.name)                 # エラー (AttributeError: 'Dog' object has
                                 # no attribute 'name') になる
```

削除した名前の属性は、setattr() を使って再定義することができます。

【 dir() 】

名前のリストを返します。書式は次の通りです。

```
dir([object])
```

引数を指定しない場合、現在のローカルスコープにある名前のリストを返します。引数を指定すると、指定した引数のオブジェクトの有効な属性のリストを返します。返されるリストはアルファベット順に並べられています。

使用例を次に示します。

```
>>> dir()
['__annotations__', '__builtins__', '__doc__', '__loader__',
'__name__', '__package__', '__spec__', 'cat', 'cats', 'd']
```

【 divmod() 】

整数の除算を行って、商と余りの Tuple を返します。書式は次の通りです。

```
divmod(a, b)
```

使用例を次に示します。

```
>>> divmod(20, 7)
(2, 6)
>>> x = divmod(20, 7)
>>> x[0]                    # 商だけを取り出す
2
>>> x[1]                    # 余りだけを取り出す
6
```

【 eval() 】

式を評価します。書式は次の通りです。

```
eval(expression, globals=None, locals=None)
```

式 expression を評価した結果を返します。また、compile() で生成されるようなコードオブジェクトを実行するときにも利用できます。

次に示すのは、compile() でコンパイルした後で eval() で評価する例です。

```
src = "for i in range(5): print(i)"
code = compile(src, '<string>', "exec")
eval(code)
```

【 exec() 】

オブジェクトを実行します。書式は次の通りです。

```
exec(object[, globals[, locals]])
```

objectを実行します。objectはコードオブジェクトか文字列です。

次に示すのは、compile()でコンパイルした後でexec()で実行する例です。

```
>>> src = "for i in range(5): print(i)"
>>> code = compile(src, '<string>', "exec")
>>> exec(code)
0
1
2
3
4
```

【 filter() 】

要素にフィルターをかけます。書式は次の通りです。

```
filter(function, iterable)
```

iterableに含まれる要素のうちfunctionが真を返すものでイテレータを作成して返します。iterableはシーケンスか、反復をサポートするコンテナか、イテレータです。function が Noneの場合はすべての要素を含むイテレータが返されます。

次に示すのは、文字列の長さが6以上の場合にTrueを返す関数strlen()を定義して、filter()で6文字以上の文字列を取り出す例です。プログラムを実行すると Python、Program、pygame が出力されます。

```
def strlen(s):
    if len(s) > 5:
        return True
    else:
        return False

words = ('Hello', 'Python', 'Program', 'Debug', 'pygame')

x = filter(strlen, words)

for text in x:
    print(text)
```

【 float() 】

浮動小数点数を返します。書式は次の通りです。

```
float([x])
```

数または文字列 x から生成された浮動小数点数を返します。引数 x には
10 進数を含んだ文字列を指定します。引数 x は NaN や正負の無限大を表
す文字列でもかまいません。
　使用例を次に示します。

```
>>> float('123.45')
123.45
>>> float("NaN")
nan
```

【 format() 】

書式指定した値の文字列を返します。書式は次の通りです。

```
format(value[, format_spec] )
```

value を format_spec で制御される書式化された表現に変換します。
一般的な書式指定子（standard format specifier）の書式は次の通りです。

```
[[fill]align][sign][#][0][width][grouping_option]
                            └[.precision][type]
```

fill は空白に埋める任意の文字です。
align は、"<"、">"、"="、"^" のいずれかです。
sign は、"+"、"-"、" " のいずれかです。
width は幅を表す 10 進数です。
grouping_option は、"_" か "," です。
precision は、小数点以下の幅を示す 10 進数です。
type は、"b"、"c"、"d"、"e"、"E"、"f"、"F"、"g"、"G"、"n"、
"o"、"s"、"x"、"X"、"%" のいずれかです。
使用例を次に示します。

```
>>> format(12.3, "6.2F")    # 桁を指定した実数
' 12.30'
>>> format(9, "b")          # 2進表現
'1001'
>>> format(43, "X")         # 16進表現
'2B'
```

【 frozenset() 】

新しい frozenset オブジェクトを返します。書式は次の通りです。

```
frozenset([iterable])
```

使用例を次に示します。

```
>>> frozenset()
frozenset()
>>> frozenset((1, 3, 5, 7))
frozenset({1, 3, 5, 7})
```

【 getattr() 】

属性を取得します。書式は次の通りです。

```
getattr(object, name[, default])
```

object の name で指名された属性の値を返します。指定した属性が存在しない場合、default が指定されていればそれが返され、そうでない場合には AttributeError が生成されます。

使用例を次に示します。

```
class Dog():
    def __init__(self, name):    # コンストラクタ
        self.name = name         # インスタンス変数

dog1 = Dog("ポチ")
print(dog1.name)                 # 'ポチ'が返される
getattr(dog1, "name")            # 'ポチ'が返される
```

【 globals() 】

現在のグローバルシンボルテーブルを表す辞書を返します。使用例を次に示します。

```
>>> globals()
{'__name__': '__main__', '__doc__': None, '__package__': None, '__
loader__': <class '_frozen_importlib.BuiltinImporter'>
, '__spec__': None, '__annotations__': {}, '__builtins__': <module
'builtins' (built-in)>, 'strlen': <function strlen at
 0x000002811136C1E0>, 'words': ('Hello', 'Python', 'Program',
'Debug', 'pygame'), 'x': <filter object at 0x0000028111707
908>, 'text': 'pygame', 'Dog': <class '__main__.Dog'>, 'dog1': <__
main__.Dog object at 0x00000281117078D0>}
```

【 hasattr() 】

指定した属性があれば True を返します。書式は次の通りです。

```
hasattr(object, name)
```

name がオブジェクト object の属性名の 1 つであった場合は True を、そうでない場合 False を返します。使用例を次に示します。

```
class Dog():
    def __init__(self, name):     # コンストラクタ
        self.name = name          # インスタンス変数

dog1 = Dog("ポチ")
hasattr(dog1, "name")             # Trueが返される
```

【 hash() 】

ハッシュ値を返します。書式は次の通りです。

```
hash(object)
```

オブジェクト object のハッシュ値が存在すれば、その値を返します。ハッシュ値は整数で、辞書を検索する際に辞書のキーを高速に比較するために使われます。

使用例を次に示します。

```
class Dog():
    def __init__(self, name):    # コンストラクタ
        self.name = name         # インスタンス変数

dog1 = Dog("ポチ")
hash(dog1)                       # ハッシュ値が返される
```

ハッシュ値は絶対的な値ではなく、実行される環境によってその値が変わります。

【 help() 】

ヘルプを表示します。書式は次の通りです。

```
help([object])
```

インタープリタで使います。組み込みヘルプシステムを起動して指定した object の情報を表示します。使用例を次に示します。

```
>>> help(int)        # intに関する情報が表示される
```

【 hex() 】

16 進表記の文字列を返します。書式は次の通りです。

```
hex(x)
```

引数 x の値を 16 進文字列（先頭は 0x）に変換して返します。

浮動小数点数の 16 進表記の文字列を得たい場合には、float.hex() メソッドを使ってください。

hex() と float.hex() の使用例を次に示します。

```
>>> hex(255)
'0xff'
>>> float.hex(12.3)
'0x1.899999999999ap+3'
```

【 id() 】

オブジェクトを識別する ID を返します。書式は次の通りです。

```
id(object)
```

オブジェクト object の ID（識別値）を返します。この値は整数で、このオブジェクトの有効期間中は一意かつ定数であることが保証されています。

使用例を次に示します。

```
class Dog():
    def __init__(self, name):     # コンストラクタ
        self.name = name          # インスタンス変数

dog1 = Dog("ポチ")
id(dog1)                          # ID値が返される
```

【 input() 】

ユーザーの入力を返します。書式は次の通りです。

```
input([prompt])
```

引数 prompt を指定した場合はそれを標準出力に出力してユーザーの入力を待ちます。そして、標準入力から 1 行を読み込んで文字列に変換して返します。文字列が返されるので、数値として受け取りたい場合は、int()や float() などを使って文字列を数値に変換する必要があります。
使用例を次に示します。

```
>>> input('名前は=>')
名前は=>ポチ
'ポチ'
>>> x = float(input('x='))
x=12.3
>>> x
12.3
```

【 int() 】

引数の数値または文字列から作成された整数オブジェクトを返します。書式は次の通りです。

```
int([x])
int(x, base=10)
```

base には基数を指定できます。たとえば 16 進数を得たいときには、第2引数に 16 を指定します。
使用例を次に示します。

```
>>> int('50')            # 10進数に変換
50
>>> int('123', 16)       # 16進数に変換
291
```

【 isinstance() 】

オブジェクトがクラスのインスタンスならば True を返します。書式は次の通りです。

```
isinstance(object, classinfo)
```

object が classinfo のインスタンスであるか、サブクラスのインスタンスの場合に True (真) を返します。

使用例を次に示します。

```
class Dog():
    def __init__(self, name):    # コンストラクタ
        self.name = name         # インスタンス変数

dog1 = Dog("ポチ")
isinstance(dog1, Dog)            # Trueが返される
```

【 issubclass() 】

クラスがサブクラスであるならば True を返します。書式は次の通りです。

```
issubclass(class, classinfo)
```

class が classinfo の直接または間接的なサブクラスであるか、virtual サブクラスである場合に True を返します。クラスはそれ自身の

サブクラスとみなされます。

使用例を次に示します。

```python
class Animal(object):
    pass

class Dog(Animal):
    def __init__(self, name):   # コンストラクタ
        self.name = name        # インスタンス変数

issubclass(Dog, Animal)         # Trueが返される

issubclass(Dog, Dog)            # Trueが返される
```

【 iter() 】

イテレータオブジェクトを返します。書式は次の通りです。

```python
iter(object[, sentinel])
```

イテレータ（iterator）オブジェクトを返します。

第2引数を指定しない場合、object は反復プロトコルかシーケンスプロトコルをサポートする集合オブジェクトでなければなりません。

第2引数 sentinel を指定した場合は、object は呼び出し可能オブジェクトでなければなりません。

使用例を次に示します。

```python
dogs = ['Pochi', 'Kenta', 'Rucky', 'Shiro']
iter_dogs = iter(dogs)

print(iter_dogs)    # 1番目のイテレータを表示
next(iter_dogs)     # 1次のイテレータに進む
print(iter_dogs)    # 2番目のイテレータを表示
next(iter_dogs)     # 次のイテレータに進む
```

```
print(iter_dogs)            # 3番目のイテレータを表示

iter_dogs = iter(dogs)
for i in iter_dogs:         # イテレータを1つずつ取り出して表示
    print(i)
```

【 len() 】

オブジェクトの長さを返します。書式は次の通りです。

```
len(s)
```

　オブジェクトの長さ（要素の数）を返します。引数はシーケンス（文字列、バイト列、タプル、リスト、range など）かコレクション（辞書や集合など）です。
　使用例を次に示します。

```
>>> s='Happy Python!'
>>> len(s)
13
>>> data=(1, 3, 5, 9, 7, 6, 4, 2)
>>> len(data)
8
```

【 locals() 】

現在のローカルシンボルテーブルを表す辞書を返します。使用例を次に示します。

```
>>> locals()
{'__name__': '__main__', '__doc__': None, '__package__': None, '__loader__': <class '_frozen_importlib.BuiltinImporter'>
```

```
, '__spec__': None, '__annotations__': {}, '__builtins__': <module
'builtins' (built-in)>, 's': 'Happy Python!', 'data':
 (1, 3, 5, 9, 7, 6, 4, 2)}
>>>
```

【 map() 】

すべての要素に関数を適用します。書式は次の通りです。

```
map(function, iterable, ...)
```

iterable のすべての要素に function を適用した結果のイテレータを返します。

次に示すのは、map() を使ってリストの各要素の 2 乗の値を求める例です。

```
>>> l1 = [1, 3, 5]
>>> l2 = map(lambda x: x ** 2, l1)
>>> for i in l2:
...     print(i)
...
1
9
25
```

【 max() 】

引数で指定した中の最大の要素、または 2 つ以上の引数の中で最大のものを返します。書式は次の 2 種類があります。

```
max(iterable, *[, key, default])
max(arg1, arg2, *args[, key])
```

　最大値を求める値は整数や実数など、大小を比較できる値で、演算子 > が定義されていればなんでもかまいません。

　使用例を次に示します。

```
>>> data = (12, 25, 36, 45, 51, 95, 45, 63)
>>> max(data)
95
>>> max(12, 25)
25
>>> max(12.3, 23.4)
23.4
```

　値がオブジェクトである場合の例を示します。次の Dog クラスには、名前の長さの大小を比較する特殊メソッド __gt__() を定義しているため、名前の長さで Dog オブジェクトの大小を比較することができ、その結果、最大値を求めることができます。

```
class Dog():
  def __init__(self, name):
    self.name = name
  def __eq__(self, arg1):          # 特殊メソッド
    return len(self.name) == len(arg1.name)
  def __ne__(self, arg1):          # 特殊メソッド
    return len(self.name) != len(arg1.name)
  def __lt__(self, arg1):
    if len(self.name) < len(arg1.name):return True
    else: return False
  def __gt__(self, arg1):
    if len(self.name) > len(arg1.name):return True
    else: return False

x = Dog('pochi')
y = Dog('picerton')
z = Dog('ken')

r=max((x, y, z))
print(r.name, "が最大")
```

【 memoryview() 】

メモリビューオブジェクトを返します。書式は次の通りです。

```
memoryview(object)
```

指定されたオブジェクト object から作られたメモリビューオブジェクト
を返します。object はバイト列状のオブジェクトである必要があります。
使用例を次に示します。

```
>>> data = B'abcdefg'
>>> v = memoryview(data)
>>> v[1]
98
>>> bytes(v[1:4])
b'bcd'
```

【 min() 】

引数で指定した中の最小の要素、または 2 つ以上の引数の中で最小のも
のを返します。書式は次の 2 種類があります。

```
min(iterable, *[, key, default])
min(arg1, arg2, *args[, key])
```

最小値を求める値は整数や実数など、大小を比較できる値で、演算子 < が
定義されていればなんでもかまいません。
使用例を次に示します。

```
>>> data = (12, 25, 36, 45, 51, 95, 45, 63)
>>> min(data)
12
```

```
>>> min(12, 25)
12
```

　値がオブジェクトである場合の例を示します。次の Dog クラスには、名前の長さの大小を比較する特殊メソッド __lt__() を定義しているため、名前の長さで Dog オブジェクトの大小を比較することができ、その結果、最小値を求めることができます。

```
class Dog():
  def __init__(self, name):
    self.name = name
  def __eq__(self, arg1):            # 特殊メソッド
    return len(self.name) == len(arg1.name)
  def __ne__(self, arg1):            # 特殊メソッド
    return len(self.name) != len(arg1.name)
  def __lt__(self, arg1):
    if len(self.name) < len(arg1.name):return True
    else: return False
  def __gt__(self, arg1):
    if len(self.name) > len(arg1.name):return True
    else: return False

x = Dog('pochi')
y = Dog('picerton')
z = Dog('ken')

r=min((x, y, z))
print(r.name, "が最小")
```

【 next() 】

次の要素を返します。書式は次の通りです。

```
next(iterator[, default])
```

iterator の __next__() メソッドを呼び出すことで次の要素を返します。イテレータの最後に到達すると、default が指定されていればそれが返され、そうでなければ StopIteration が生成されます。

使用例を次に示します。

```
dogs = ['Pochi', 'Kenta', 'Rucky', 'Shiro']
iter_dogs = iter(dogs)

print(iter_dogs)            # 1番目のイテレータを表示
next(iter_dogs)             # 1次のイテレータに進む
print(iter_dogs)            # 2番目のイテレータを表示
next(iter_dogs)             # 次のイテレータに進む
print(iter_dogs)            # 3番目のイテレータを表示

iter_dogs = iter(dogs)
for i in iter_dogs:         # イテレータを1つずつ取り出して表示
    print(i)
```

【 object() 】

新しい基底クラス object を返します。object クラスはすべてのクラスの基底クラスです。この関数は引数を指定できません。

使用例を次に示します。

```
>>> x = object()
>>> x
<object object at 0x0000013C48A8E1B0>
```

【 oct() 】

引数の整数を、先頭に "0o" が付いた 8 進文字列に変換して返します。使用例を次に示します。

```
>>> oct(12)
'0o14'
```

【 open() 】

ファイルを開いてファイルオブジェクトを返します。ファイルを開けない場合は OSError が生成されます。書式は次の通りです。

```
open(file, mode='r', buffering=-1, encoding=None, errors=None,
    newline=None, closefd=True, opener=None)
```

file は開くファイルの名前か、ラップするファイルの整数のファイルディスクリプタです。

mode はオプションの文字列で、ファイルが開かれるモードを指定します。mode に指定可能な文字列は、次の表の文字の矛盾しない組み合わせです。

表1.4●modeに指定可能な文字

文字	意味
'r'	読み込み用に開く（デフォルト）
'w'	書き込み用に開き、まずファイルを切り詰める
'x'	排他的に開き、ファイルが存在する場合は失敗する
'a'	書き込み用に開き、ファイルが存在する場合は末尾に追記する
'b'	バイナリモード
't'	テキストモード（デフォルト）
'+'	ディスクファイルを更新用に開く（読み込み／書き込み）

たとえば、'r' は 'rt' と同じでテキストの読み込み用に開きます。'rb' はバイナリの読み込み用に開きます。

errors はエンコードやデコードでのエラーの扱い方を指定します。バイナリモードでは使用できません。None（デフォルト）と 'strict' はエンコーディングエラーがあると例外 ValueError を生成します。'ignore'

はエラーを無視します。'replace' は、不正な形式のデータが存在した場所に（'?' のような）置換マーカーを挿入します。'surrogateescape' は正しくないバイト列を Unicode の Private Use Area にある U+DC80 から U+DCFF のコードポイントで示します。'xmlcharrefreplace' はファイルへの書き込み時のみサポートされ、そのエンコーディングでサポートされない文字は、&#nnn; 形式の適切な XML 文字参照で置換します。'backslashreplace' は不正なデータをバックスラッシュ付きのエスケープシーケンスで置換します。'namereplace' は書き込み時のみサポートされていて、サポートされていない文字を ¥N{...} エスケープシーケンスで置換します。newline はテキストモードでのみサポートされ universal newlines モードの動作を制御します。値は None、''、'¥n'、'¥r'、'¥r¥n' のいずれかです。

opener にはカスタムのオープナーとして呼び出し可能なオブジェクトを指定します。

使用例を次に示します。

```
f = open('sample.txt')
data = f.read()          # ファイル終端まで読み込む
f.close()

print(data)
```

【 ord() 】

1 文字の Unicode 文字を表す文字列に対し、その文字の Unicode コードポイントを表す整数を返します。これは chr() の逆の動作です。

使用例を次に示します。

```
>>> ord('a')
97
>>> ord('あ')
12354
>>> chr(12354)
```

```
'あ'
```

【 pow() 】

べき乗を返します。書式は次の通りです。

```
pow(x, y[, z])
```

x の y 乗を返します。z を指定した場合、x の y 乗に対する z の剰余を返します。

引数は数値型でなければならず、第 2 引数が負の場合、第 3 引数は省略しなければなりません。z を指定する場合、x および y は整数型でなければならず、y は非負でなければなりません。

使用例を次に示します。

```
>>> pow(2, 3)
8
>>> pow(3, 8, 6)
3
```

【 print() 】

値や、リストや Tuple のようなオブジェクトの内容を出力します。書式は次の通りです。

```
print(*objects, sep=' ', end='¥n', file=sys.stdout, flush=False)
```

objects を sep で区切りながら file に表示し、最後に end を表示します。関数が実行されるたびにバッファの内容を出力したい場合は、flush=True にします。

sep、end、file、flush を指定する場合、キーワード引数として与える必要があります。

引数 file に指定するものは、write(string) メソッドを持つオブジェクトでなければなりません。

インタープリタで単に変数を入力しても値やオブジェクトの内容が出力されますが、文字列の場合、print() を使うと文字列を囲む ' ' が出力されません。

使用例を次に示します。

```
>>> x='Hello Python'
>>> x
'Hello Python'
>>> print(x)
Hello Python
>>> x = ((1, 2), (5, 6), (7, 4))
>>> x
((1, 2), (5, 6), (7, 4))
>>> print(x)
((1, 2), (5, 6), (7, 4))
```

改行しないで出力したいときには、パラメータ end に空文字列を指定します。

```
print('ABCED', end='')      # 改行しない
print('12345')              # 改行する
```

次の例では、ASCII コードで '0' から 24 個の文字を続けて出力します。

```
>>> for i in range(24):
...     print(chr(0x30+i), end='')
...
0123456789:;<=>?@ABCDEFG>>>
```

上の例で、Python インタープリタの一次プロンプト >>> が出力の後に続

いている点に注意してください。

　書式を整えるときには、format() を使うことができます。

```
print(format(12.3456, "6.2F"))    # 書式を指定する
```

　書式指定文字列と % 記号を使って、出力する書式を定義することもできます。このとき、出力する値は Tuple に入れます。

```
val = 12.3456
print("val=%6.2f" % (val))                # 書式を指定する
print("%s=%6.2f" % ("Val=", 12.3456))     # 書式を指定する
```

　この場合に使う書式指定文字列の書式指定子を次の表に示します。

表1.5●print()の書式指定文字列で使うことができる書式指定子

書式指定子	意味
%d	符号付き 10 進整数
%i	符号付き 10 進整数
%u	符号付き 10 進整数
%o	符号付き 8 進数
%x	符号付き 16 進数（小文字）
%X	符号付き 16 進数（大文字）
%e	指数形式小数（小文字）
%E	指数形式小数（小文字）
%f、%F	10 進浮動小数点数
%g、%G	浮動小数点
%c	1 文字
%r、%s	文字列
%%	% という文字

　% の後に $n.m$ または n（n、m は整数）で出力する長さを指定することができます。たとえば、「%6.2f」は全体の長さが 6 桁、そのうち小数点以下が 4 桁であることを表します。

【 property() 】

property 属性を返します。書式は次の通りです。

```
property(fget=None, fset=None, fdel=None, doc=None)
```

fget は属性値を取得するための関数です。fset は属性値を設定するための関数です。fdel は属性値を削除するための関数です。doc は属性の docstring を作成します。

使用例を次に示します。

```
>>> class Circle(object):
...     def __init__(self):
...         self.__r = None
...     def getr(self):
...         return self.__r
...     def setr(self, value):
...         self.__r = value
...     def delr(self):
...         del self.__r
...     r = property(getr, setr)
...
>>> a = Circle()
>>> a.r = 10
>>> a.r
10
```

【 repr() 】

引数にとったオブジェクトの印字可能な表現を含む文字列を返します。使用例を次に示します。

```
>>> x=(1, 5, 7, 9)
>>> repr(x)
```

```
'(1, 5, 7, 9)'
>>> class Dog():
...     def __init__(self, name):      # コンストラクタ
...         self.name = name           # インスタンス変数
...
>>> dog1 = Dog("ポチ")
>>> repr(dog1)
'<__main__.Dog object at 0x000001DC4F987160>'
```

【 reversed() 】

引数にとった要素を逆順に取り出すイテレータ（reverse iterator）を返します。使用例を次に示します。

```
>>> for i in reversed(range(1, 5)):
...     print(i)
...
4
3
2
1
```

【 round() 】

指定した実数の小数点以下を丸めた整数を返します。書式は次の通りです。

```
round(number[, ndigits])
```

number の小数部を ndigits 桁に丸めた値を返します。ndigits を省略すると None を指定した場合は、入力値に最も近い整数を返します。
　使用例を次に示します。

```
>>> round(234.675)
235
>>> round(234.675, 2)
234.68
```

【 set() 】

新しい set オブジェクトを返します。書式は次の通りです。

```
set([iterable])
```

iterable を指定した場合は、その要素を持つ set オブジェクトが返されます。使用例を次に示します。

```
>>> x = (12, 34, 56, 78)
>>> set(x)
{56, 34, 12, 78}
```

【 setattr() 】

オブジェクトに属性をセットします（追加します）。書式は次の通りです。

```
setattr(object, name, value)
```

引数 object は属性をセットするオブジェクト、name は属性の名前を表す文字列、value は属性値です。属性の名前の文字列は、既存の属性でも新しい属性の名前でもかまいません。

次に示すのは、Dog クラスに属性 name を追加する例です。

```
class Dog():
```

```
    pass

dog1 = Dog()
setattr(dog1, "name", "ポチ")
print(dog1.name)
```

【 slice() 】

スライス（slice）オブジェクトを返します。書式は次の通りです。

```
slice(stop)
slice(start, stop[, step])
```

引数 start と step はデフォルトでは None です。使用例を次に示します。

```
>>> slice(5)
slice(None, 5, None)
>>> slice(1, 9, 2)
slice(1, 9, 2)
```

【 sorted() 】

イテレータ可能な要素を並べ替えた（ソートされた）新たなリストを返します。書式は次の通りです。

```
sorted(iterable, *, key=None, reverse=False)
```

iterable は要素の並びです。key には引数が 1 つの関数を指定します。reverse に True を指定するとソート結果が逆順になります。
使用例を次に示します。

```
>>> l1 = [7, 3, 5, 10]
>>> l2 = sorted(l1 )
>>> print(l2)
[3, 5, 7, 10]
>>> s = ('c', 'H', 'i', 'z', 'a')
>>> sorted(s, key=str.lower)
['a', 'c', 'H', 'i', 'z']
>>> l1 = [(7, 2), (5, 5), (10, 3), (3, 4)]
>>> l2 = sorted(l1, key=lambda x: x[1] )
>>> print(l2)
[(7, 2), (10, 3), (3, 4), (5, 5)]
```

【 str() 】

class str() はオブジェクトの文字列表現を返します。書式は次の通りです。

```
class str(object=b'', encoding='utf-8', errors='strict')
```

使用例を次に示します。

```
>>> str(123)
'123'
>>> class Dog():
...     pass
...
>>> dog1 = Dog()
>>> setattr(dog1, "name", "ポチ")
>>> str(dog1)
'<__main__.Dog object at 0x000001DC4F987438>'
```

【 sum() 】

イテレータ可能な要素を合計してその結果を返します。書式は次の通りです。

```
sum(iterable[, start])
```

iterable は要素のシーケンス（通常は数値）、start は合計を求める際に最初に加算する数値で、デフォルトは 0 です。
使用例を次に示します。

```
>>> x = (1, 3, 5, 7)
>>> sum(x)
16
>>> x = (1, 3, 5, 7)
>>> sum(x, 3)
19
```

【 super() 】

スーパークラスを返します。書式は次の通りです。

```
super([type[, object-or-type]])
```

メソッドの呼び出しを type の親または兄弟クラスに委譲するプロキシオブジェクトを返します。
使用例を次に示します。

```
class Dog(object):
    def __init__(self, name):
        self.name = name
```

```
class Retriever(Dog):
    def __init__(self, name, age):
        super(Retriever, self).__init__(name)
        self.age = age

pochi = Retriever("Pochi", 5)
print(pochi.name)
print(pochi.age)
```

【 type() 】

引数で指定されたものの型を返します。書式は次の通りです。

```
type(object)
type(name, bases, dict)
```

引数を 1 つだけ指定した場合、object の型を返します。
引数を 3 つ指定した場合は、新しい型オブジェクトを返します。
使用例を次に示します。

```
>>> x=(1, 3, 5, 7)
>>> type(x)
<class 'tuple'>
>>> y=[2, 4, 6, 8]
>>> type(y)
<class 'list'>
>>> type(int)
<class 'type'>
>>> class Dog(object):
...     def __init__(self, name):
...         self.name = name
...
>>> class Retriever(Dog):
...     def __init__(self, name, age):
```

```
...         super(Retriever, self).__init__(name)
...         self.age = age
...
>>> pochi = Retriever("Pochi", 5)
>>> type(pochi)
<class '__main__.Retriever'>
```

【 vars() 】

オブジェクトの __dict__ 属性を返します。書式は次の通りです。

```
vars([object])
```

オブジェクト object の __dict__ 属性を返します。使用例を次に示します。

```
>>> class Dog(object):
...     def __init__(self, name):
...         self.name = name
...
>>> pochi = Dog('Pochi')
>>> vars(pochi)
{'name': 'Pochi'}
>>>
```

【 zip() 】

それぞれのイテラブルから要素を集めたイテレータを作ります。書式は次の通りです。

```
zip(*iterables)
```

使用例を次に示します。

```
>>> x = [1, 2, 3, 4]
>>> y = ['a', 'b', 'c']
>>> zipped = zip(x, y)
>>> list(zipped)
[(1, 'a'), (2, 'b'), (3, 'c')]
>>> x = [1, 2, 3, 4]
>>> y = ['a', 'b', 'c']
>>> z = ['99', '88', '77', '66']
>>> zipped = zip(x, y, z)
>>> list(zipped)
[(1, 'a', '99'), (2, 'b', '88'), (3, 'c', '77')]
```

1.6 その他の要素

　ここでは、デコレーター（修飾子）やコンテナなど、ここまでで説明していないその他の主な要素を説明します。

【 @classmethod 】

　メソッドをクラスメソッドとして宣言します。クラスメソッドの第 1 引数はクラスです。クラスメソッドはインスタンス変数にはアクセスできません。
　使用例を次に示します。

```
class Sample:
    msg = "Hello"
    @classmethod
    def printclass(cls):
```

```
        print(cls.msg)

Sample.printclass()
```

後述する staticmethod() も参考にしてください。

【 @Property 】

メソッドをプロパティとして宣言します。使用例を次に示します。

```
>>> def Property(func):
...     return property(**func())
...
>>> class Circle(object):
...     def __init__(self):
...         self.__r = None
...
...     @Property
...     def r():
...         def fget(self):
...             return self.__r
...         def fset(self, value):
...             self.__r = value
...         return locals()
...
>>> c=Circle()
>>> c.r = 20
```

【 @staticmethod 】

メソッドを静的メソッドとして宣言します。静的メソッドは暗黙の第1
引数を受け取りません。スタティックメソッドはインスタンス変数にはアク
セスできません。

使用例を次に示します。

```
class Sample:
    msg = "Hello"
    @staticmethod
    def staticprint():
        print(Sample.msg)

Sample.staticprint()
```

前出の @classmethod() も参考にしてください。

【 __del__() 】

デストラクタです。オブジェクトが破棄される時に自動的に呼び出される
メソッドです。デストラクタの例を次に示します。

```
class Dogs:
    def __del__(self):
        print("デストラクタを実行します。")
```

【 __init__() 】

コンストラクタです。オブジェクトが作成される時に自動的に呼び出され
るメソッドです。コンストラクタの例を次に示します。

```
class Dogs:
    def __init__(self):
        print("初期化します。")
```

【 dict 】

新しい辞書（dict オブジェクト）を作成します。次の書式があります。

```
dict(**kwarg)
dict(mapping, **kwarg)
dict(iterable, **kwarg)
```

辞書はキーとその値のペアです。辞書を定義するときには "" で囲ったキー（key）の後に : を記述してさらにその値（value）を記述したペアのリスト全体を { } で囲みます。

```
{"key":value, ...}
```

使用例を次に示します。

```
>>> dict = {"pochi":4, "kenta":5, "rukky":2}
>>> print(dict)
{'pochi': 4, 'kenta': 5, 'rukky': 2}
>>> dict["kenta"]
5
```

```
>>> cats = [("mike", 4), ("kuro", 5), ("shiro", 2)]
>>> cat = dict(cats)
>>> print(cat)
{'mike': 4, 'kuro': 5, 'shiro': 2}
```

キーを重複することはできません。たとえば、次のように "pochi" を重複して定義すると、先に定義した値は上書きされて、後から定義した値だけが有効になります。

```
>>> dict = {"pochi":4, "kenta":5, "pochi":8, "rukky":2}
>>> dict
{'pochi': 8, 'kenta': 5, 'rukky': 2}
```

```
>>> dict["pochi"]
8
```

【 exit() 】

インタープリタを終了します。書式は次の通りです。

```
exit(code=None)
```

【 lambda 】

ラムダ関数を定義します。1 つの独立した関数として定義するほどでない
けれども、関数のように使いたい一連のコードを定義します。
lambda 関数は次のように定義します。

```
func_name = lambda arg: statement
```

ここで、func_name は関数名、arg は関数の引数、statement は関数
のコードです。たとえば、引数の値が奇数であるかどうかを判断する関数
is_odd(x) は次のように定義します。

```
is_odd = lambda x: x % 2 == 1
```

次に示すのは、インタープリタで is_odd(x) を定義して使う例です。

```
>>> is_odd = lambda x: x % 2 == 1
>>> is_odd(3)
True
>>> is_odd(10)
False
>>>
```

【list】

ミュータブルな（要素を変更できる）シーケンスです。使用例を次に示します。

```
>>> dogs = ['Pochi', 'Kenta', 'Rukky']
>>> print(dogs)
['Pochi', 'Kenta', 'Rukky']
>>> dogs[1] = 'Hanako'
>>> print(dogs)
['Pochi', 'Hanako', 'Rukky']
```

次のようにしてリストの要素を宣言するとともに初期化することもできます。

```
>>> data = [0 for i in range(6)]
>>> for i in data:
...     print(i)
...
0
0
0
0
0
0
```

list.append() を使って要素を追加することができます。

```
>>> dogs = ['Pochi']
>>> print(dogs)
['Pochi']
>>> dogs.append('Kenta')
>>> dogs.append('Rukky')
>>> print(dogs)
['Pochi', 'Kenta', 'Rukky']
```

list.insert() を使って要素をリストの途中に挿入することができます。

```
>>> dogs = ['Pochi', 'Kenta', 'Rukky']
>>> print(dogs)
['Pochi', 'Kenta', 'Rukky']
>>> dogs.insert(2, 'Hana')     # 3番目の要素として'Hana'を挿入する
>>> print(dogs)
['Pochi', 'Kenta', 'Hana', 'Rukky']
```

リストの要素を削除したいときには del を使います。

```
>>> dogs = ['Pochi', 'Kenta', 'Hana', 'Rukky']
>>> print(dogs)
['Pochi', 'Kenta', 'Hana', 'Rukky']
>>> del dogs[1]
>>> print(dogs)
['Pochi', 'Hana', 'Rukky']
```

「dogs.del(1)」ではない点に注意してください。

【 quit() 】

インタープリタを終了します。書式は次の通りです。

```
quit(code=None)
```

インタープリタで使うべきで、スクリプトの中では使うべきではありません。

【range】

指定した範囲の整数の（イミュータブルな）シーケンスを返します。書式は次の通りです。

```
range(end)
range(start, end, step)
```

ここで、start は最初の数値、end は最後の数値の次の数値、step は増分（増加する量）で、それぞれの値は整数です。

end は最後の数値の次の数値なので、たとえば range(1, 5) とした場合、範囲は 1 ～ 4 の範囲であることに注意してください。

range() が返すシーケンスの内容を for 文のループで確認する例を、次にいくつか示します。

```
>>> for i in range(5):
...     print(i)
...
0
1
2
3
4
```

```
>>> for i in range(1, 5):
...     print(i)
...
1
2
3
4
```

```
>>> for i in range(1, 6, 2):
...     print(i)
...
1
3
5
```

```
>>> for i in range(2, 8, 2):
...     print(i)
...
2
4
6
```

次のようにしてリストの要素を宣言するとともに初期化することもできます。

```
>>> data = [0 for i in range(6)]
>>> for i in data:
...     print(i)
...
0
0
0
0
0
0
```

【 tuple 】

イミュータブルな（要素を変更できない）シーケンスです。使用例を次に
示します。

```
>>> dogs = ('Pochi', 'Kenta', 'Rukky')
>>> print(dogs[1] )
Kenta
```

次のようにして Tuple の要素を宣言するとともに初期化することもでき
ます。

```
>>> data = (0 for i in range(6))
>>> for i in data:
...     print(i)
...
0
0
0
0
0
>>>
```

数と集計、統計

ここでは、集計や統計に役立つことを説明します。
値の型を調べる、数や文字列の他の型への変換、最大値／最小値を調べるなどの、数や値に関する基本的な操作は、第1章「Pythonの文法」で説明している関数を使って行うことができます。

2.1 数値演算

pythonにはいくつかの数値演算のための関数が組み込まれています。また、さまざまな数値計算の多くは、mathモジュールの関数を使って行うことができます。

【 合計を求める 】

合計を求めるには、組み込み関数のsum()を使います。次の例は、sum()を使って1から10までの整数の合計を求めます。

```
>>> sum(range(1, 11))
55
```

次の例は、sum()を使ってリストの要素の合計を求めます。

```
>>> data = [1.2, 2.3, 3.4, 4.5, 5.6]
>>> sum(data)
17.0
```

【 平方根を求める 】

平方根を求めるには、math.sqrt()を使います。次の例は、math.sqrt()を使って2.3という値の平方根を求めます。

```
>>> import math
>>> math.sqrt(2.3)
1.51657508881031
```

次の例は、math.sqrt()を使って4個の値の平方根を求めます。

```
import math

for i in range(1, 5):
    x = i * 1.2
    print('x=%7.5f √x=%7.5f' % (x, math.sqrt(x)) )
```

出力は次のようになります。

```
x=1.20000 √x=1.09545
x=2.40000 √x=1.54919
x=3.60000 √x=1.89737
x=4.80000 √x=2.19089
```

　from を使って特定のメソッドをインポートすると、修飾なしでメソッドを使うことができます。

```
from math import sqrt
sqrt(2.3)            # math.sqrt(2.3)としなくてよい
```

【 さまざまな数値演算を行う 】

　math モジュールには、さらに次のような関数があります。使い方は基本的には math.sqrt() と同じです。

表2.1●mathモジュールの関数

関数	説明
math.ceil(x)	x 以上の最小の整数を返す。math.ceil(2.3) の結果は 3。
math.copysign(x, y)	x の絶対値で y と同じ符号の浮動小数点数を返す。
math.fabs(x)	x の絶対値を返す。
math.factorial(x)	x の階乗を整数で返す。x が整数でないか負の数の場合は ValueError になる。
math.floor(x)	x 以下の最大の整数を返す。
math.fmod(x, y)	x / y の浮動小数点余りを返す（整数の場合には x % y を使うべき）。

関数	説明
`math.frexp(x)`	x の仮数と指数を (m, e) のペアとして返す。
`math.fsum(iterable)`	iterable 中の値の浮動小数点数の正確な和を返す。
`math.gcd(a, b)`	整数 a と b の最大公約数を返す。
`math.isclose(a, b, *, rel_tol=1e-09, abs_tol=0.0)`	値 a と b が互いに近い場合は True を、そうでない場合は False を返す。
`math.isfinite(x)`	x が無限でも NaN でもない場合に True を、そうでなければ False を返す。
`math.isinf(x)`	x が正ないし負の無限数ならば True を返し、そうでなければ False を返す。
`math.isnan(x)`	x が NaN（not a number、非数）の場合に True を返し、そうでなければ False を返す。
`math.ldexp(x, i)`	x * (2**i) を返す（frexp() の逆関数）。
`math.modf(x)`	x の小数部分と整数部分を返す。`math.modf(12.34)` の結果は `(0.33999999999999986, 12.0)`（実数の内部表現への変換で誤差が発生する点に注意）。
`math.remainder(x, y)`	x を y で割った剰余を返す。`math.remainder(23.4, 7)` の結果は `2.3999999999999986`（実数の内部表現への変換で誤差が発生する点に注意）。
`math.trunc(x)`	x の Integral 値（通常は整数）に切り捨てられた Real 値を返す。
`math.exp(x)`	e（2.718281）を自然対数の底として e の x 乗を返す。
`math.expm1(x)`	e の x 乗から 1 を引いた値を返す。
`math.log(x[, base])`	対数（e または base を底とする x の対数）を返す。
`math.log1p(x)`	1 + x の自然対数（底 e の対数）を返す。
`math.log2(x)`	2 を底とする x の対数を返す。
`math.log10(x)`	10 を底とする x の対数（常用対数）を返す。
`math.pow(x, y)`	x の y 乗を返す。整数のべき乗を計算するには ** か組み込み関数 pow() を使うべき。
`math.sqrt(x)`	x の平方根を返す。
`math.acos(x)`	x の逆余弦をラジアンで返す。
`math.asin(x)`	x の逆正弦をラジアンで返す。
`math.atan(x)`	x の逆正接をラジアンで返す。
`math.atan2(y, x)`	atan(y / x) を、ラジアンで返す。
`math.cos(x)`	x ラジアンの余弦を返す。
`math.sin(x)`	x ラジアンの正弦を返す。

関数	説明
math.tan(x)	x ラジアンの正接を返す。
math.degrees(x)	角 x をラジアンから度に変換します。
math.radians(x)	角 x を度からラジアンに変換します。
math.acosh(x)	x の逆双曲線余弦を返す。
math.asinh(x)	x の逆双曲線正弦を返す。
math.atanh(x)	x の逆双曲線正接を返す。
math.cosh(x)	x の双曲線余弦を返す。
math.sinh(x)	x の双曲線正弦を返す。
math.tanh(x)	x の双曲線正接を返す。
math.erf(x)	x の誤差関数 を返す。
math.erfc(x)	x の相補誤差関数を返す。
math.gamma(x)	x のガンマ関数を返す。
math.lgamma(x)	x のガンマ関数の絶対値の自然対数を返す。

math モジュールは他のモジュールと同様にバージョンごとに拡張されていて、新しい関数が追加されています。ここで説明しているものは Python 3.7 で使用できるものです。より以前のバージョンでは実行時に「module 'math' has no attribute 'xxx'」と表示されて関数 xxx がサポートされていない場合があります。

math モジュールには、数値演算でよく使われる次のような定数も定義されています。

表2.2●mathモジュールの定数

定数	説明
math.pi	利用可能なだけの精度の円周率 $\pi = 3.141592...$。
math.e	利用可能なだけの精度の自然対数の底 $e = 2.718281...$。
math.tau	利用可能なだけの精度の数学定数 $\tau = 6.283185...$。
math.inf	浮動小数の正の無限大(負の無限大には -math.inf を使う)。
math.nan	浮動小数の非数(NaN、not a number)。

2.2 平均値と中央値

statisticsモジュールを使うと、基本的な統計の計算を簡単に行うことができます。

扱うことができるデータはint、float、decimal.Decimal、fractions.Fraction（有理数）などで、一連のデータはリストやTupleに保存します。データはソートされていなくてかまいません。

【 平均を求める 】

データの総和をデータ数で割った単純な算術平均を求めるには、statistics.mean()を使います。

次のプログラムは、整数のリストとTupleの平均を求める例です。

リスト2.1●calcmean.py

```python
# calcmean.py
# -*- coding:utf-8 -*-

import statistics

data = [12, 32, 5, 8, 24, 18]      # データをリストに入れる

x = statistics.mean(data)          # 平均値xを求める

print(x)                           # リストの平均値xは16.5になる

data = (12, 32, 5, 8, 24, 18)      # データをTupleに入れる

x = statistics.mean(data)          # tupleの平均値を求める

print(x)                           # 平均値xは16.5になる
```

　たとえば、，（カンマ）で区切られた次のような内容のファイル data.csv があるとします。

```
12, 32, 5, 8, 24, 18, 36, 25, 48, 12, 4, 8, 22, 5, 8, 24, 12, 32
```

　このファイルの値を読み込んで値の平均値を求めるときには次のようにします。

リスト2.2●calcmeanf.py

```
# calcmeanf.py
# -*- coding:utf-8 -*-

import statistics, csv

csv_file = open("data.csv", "r")
f = csv.reader(csv_file, delimiter=",")
data = []
for row in f:                # rowは読み込んだ値（文字列）のリスト
    for sv in row:           # rowの中の値（文字列）を取り出す
        data.append(int(sv)) # 数値に変換してdataに追加する

print(statistics.mean(data))  # 平均を求めて出力する
```

　また、次のような成績表 score.csv があるとします。

```
氏名，      英語，    数学，    国語
山野海子，   65，     78，     88
岡田博，     85，     92，     78
花尾京子，   75，     56，     82
斎藤太郎，   65，     75，     68
本間英二，   63，     87，     58
```

　このファイルの値を読み込んで、英語、数学、国語それぞれの平均値を求めるときには次のようにします。

リスト2.3 ● calcmean3.py

```
# calcmean3.py
# -*- coding:utf-8 -*-

import statistics, csv

csv_file = open("score.csv", "r")
f = csv.reader(csv_file, delimiter=",")
header = next(f)          # 最初の行を読み込む
eng = []                  # 英語の成績リスト
math = []                 # 数学の成績リスト
jpn = []                  # 国語の成績リスト
for row in f:             # rowは読み込んだ値（文字列）のリスト
    if len(row) > 3:
        eng.append(int(row[1]))     # 数値に変換してengに追加する
        math.append(int(row[2]))    # 数値に変換してmathに追加する
        jpn.append(int(row[3]))     # 数値に変換してjpnに追加する

print('英語の平均点=', statistics.mean(eng))   # 平均を求めて出力する
print('数学の平均点=', statistics.mean(math))  # 平均を求めて出力する
print('国語の平均点=', statistics.mean(jpn))   # 平均を求めて出力する
```

「header = next(f)」で最初の行（「氏名，英語，数学，国語」の行）
を読み飛ばしている点に注意してください。

【 調和平均を求める 】

調和平均（harmonic mean, subcontrary mean）は、データの逆数の単
純算術平均の逆数です。たとえば、4つの値 a、b、c、d の調和平均は、「4/
(1/a + 1/b + 1/c + 1/d)」で計算します。

調和平均を求めるときには、statistics.harmonic_mean() を使いま
す。

次のプログラムは、リストに保存した要素の調和平均を求める例です。

リスト2.4●harmonic.py

```python
# harmonic.py
# -*- coding:utf-8 -*-

import statistics

data = [12, 32, 5, 8, 24, 18]    # データをリストに入れる

x = statistics.harmonic_mean(data)

print(x)                    # 平均値xは11.177231565329883になる
```

【 中央値を求める 】

中央値（median）は、一連の数値データのちょうど中央の値です。中央値を求めるときには、statistics.median() を使います。

次のプログラムは、リストに保存した要素の中央値を求める例です。

リスト2.5●median.py

```python
# median.py
# -*- coding:utf-8 -*-

import statistics

data = [12, 32, 5, 8, 24, 18]    # データをリストに入れる

x = statistics.median(data)

print(x)                    # 中央値は15.0になる
```

【 最頻値を求める 】

最頻値（モード）は、データの中で最も頻繁に出現する値です。最頻値を求めるときには、statistics.mode() を使います。最も数が多いデータが複数あるときには最頻値は計算できず、statistics.StatisticsError が生成されます。

次のプログラムは、リストに保存した要素の最頻値を求める例です。

リスト2.6●mode.py

```
# mode.py
# -*- coding:utf-8 -*-

import statistics

data = [12, 32, 24, 12, 5, 8, 12, 24, 18] # データをリストに入れる

x = statistics.mode(data)

print(x)      # 最頻値は12になる
```

最も数が多いデータが複数ある場合、つまり statistics. StatisticsError が生成される可能性がある場合に備えたプログラムは次のようになります。

リスト2.7●mode1.py

```
# mode1.py
# -*- coding:utf-8 -*-

import statistics

data = [12, 32, 24, 12, 5, 8, 32, 24, 18] # データをリストに入れる

try:
    x = statistics.mode(data)
```

```
except statistics.StatisticsError:
    x = '最頻値はありません。'

print(x)
```

2.3 分散と標準偏差

　データがデータの平均からどれだけ散らばっているかを示す指標を分散といいます。標準偏差は分散の平方根です。

【 母分散を求める 】

　データ全体がデータ全体の平均からどれだけ散らばっているかを示す指標を母分散といいます。この値が0に近いほど散らばりは小さいといえます。

　母分散を求めるには、statistics.pvariance() を使います。

　次のプログラムは、リストに保存した要素の最頻値を求める例です。

リスト2.8●pvariance.py

```
# pvariance.py
# -*- coding:utf-8 -*-

import statistics

data = [2.75, 1.75, 1.25, 0.25, 0.5, 1.25, 3.5]
x = statistics.pvariance(data)
print(x)                        # xは1.1760204081632653
```

【 標本分散を求める 】

全体の集団（母集団）の一部を標本といいます。これは、全体の集団から抜き取られたデータです。

標本分散を求めるには、statistics.variance() を使います。

次のプログラムは、リストに保存した要素の最頻値を求める例です。

リスト2.9●variance.py

```python
# variance.py
# -*- coding:utf-8 -*-

import statistics

data = [2.75, 1.75, 1.25, 0.25, 0.5, 1.25, 3.5]
x = statistics.variance(data)
print(x)                        # xは1.3720238095238095
```

【 母標準偏差を求める 】

偏差とはデータのばらつきの度合いを表すもので、2つの種類（母標準偏差と標本標準偏差）があります。

母標準偏差（データ全体の標準偏差、母分散の平方根）を求めるには、statistics.pstdev() を使います。

次のプログラムは、リストの母分散を求める例です。

リスト2.10●pstdev.py

```python
# pstdev.py
# -*- coding:utf-8 -*-

import statistics

data = [2.75, 1.75, 1.25, 0.25, 0.5, 1.25, 3.5]
```

```
x = statistics.pstdev(data)
print(x)                      # xは1.084444746477784
```

【 標本標準偏差を求める 】

　全体の集団（母集団）の一部を標本といいます。これは、全体の集団から抜き取られたデータです。

　標本標準偏差（標本分散の平方根）を求めるには、statistics.stdev() を使います。

　次のプログラムは、2つのリストの標本分散を求める例です。2番目のリストのデータのほうが散らばりが少ないデータであるといえます。

リスト2.11●stdev.py

```
# stdev.py
# -*- coding:utf-8 -*-

import statistics

data = [2.75, 1.75, 1.25, 0.25, 0.5, 1.25, 3.5]
x = statistics.stdev(data)
print(x)                        # xは1.171334200612195

data = [2.75, 1.75, 1.25, 1.25, 1.5, 1.25, 3.5]
x = statistics.stdev(data)
print(x)                        # xは0.8880824715027744
```

2.4 乱数

　ランダムな数を乱数といいます。いいかえると、乱数は何の規則もなくデタラメに出てくる数です。

【 乱数の生成の準備をする 】

　Python で乱数を生成する方法はいろいろありますが、ここでは random モジュールに含まれているメソッドを利用します。

　random クラスのような乱数を発生させるオブジェクトを、乱数ジェネレーター（乱数発生器）と呼びます。厳密なことを言えば、random クラスで作成される乱数は、厳密には完全にでたらめではないので、疑似乱数といいます。しかし、高度な暗号などきわめて厳密な乱数が要求される場合を除いて、ほとんどの目的に random クラスで生成した乱数を使うことができます。

 乱数を生成するものとして、他に numpy というモジュールもあります。

　乱数を使うためには、プログラムの中で random モジュールをインポートする必要があります。

```
>>> import random
```

 random モジュールは標準ライブラリに含まれているので追加インストールする必要はありませんが、インポートする必要はあります。

　そして、乱数ジェネレーター（生成器）を初期化するために、あらかじめ random.seed() を呼び出しておきます。

```
>>> random.seed()
```

　このように引数を指定しないで random.seed() を呼び出すことで、システムの現在時刻で初期化が行われるので、プログラムを実行するたびに同じ系列の乱数が生成されることを防ぐことができます。

【 整数の乱数を生成する 】

　乱数を生成するためには、さらに random クラスの乱数生成メソッドの1つを呼び出します。整数を生成したいときには、random クラスの randint() というメソッドを使います。この「random クラスの randint() というメソッド」を表すために、random.randint() という表現方法を使います。
　random.randint() は引数で指定した範囲の整数を生成するメソッドです。次の書式で呼び出すと、整数 x 以上 y 以下の乱数を返します。

```
random.randint(x, y)
```

　たとえば、1以上3以下の整数（1、2、3のいずれか）をランダムに生成するには、次のようにします。

```
>>> random.randint(1, 3)
2
```

　上の例では「2」が生成されていますが、これはたまたまそうなっただけで、1の場合も3の場合もあります。
　0から100の範囲の10個の乱数を生成するには次のようにします。

```
>>> import random
>>>
>>> random.seed()          # 乱数ジェネレーターを初期化する
>>>
>>> for i in range(0, 10):
...     random.randint(0, 100)
...
47
1
51
87
90
92
47
69
3
91
```

　random.choice() を使うと引数の中から 1 つの要素をランダムに取り出すことができます。

　次の例は、(1, 3, 5, 7, 9) という Tuple から 3 個の数を取り出します。

```
>>> import random
>>>
>>> random.seed()          # 乱数ジェネレーターを初期化する
>>> for i in range(0, 3):
...     random.choice((1, 3, 5, 7, 9))
...
5
3
5
```

【 実数の乱数を生成する 】

random クラスのメソッドを使うことで、実数の乱数を生成することもできます。

random.random() を使うことで、0.0 〜 1.0 の範囲の実数（float）値を生成することができます。

次の例は、0.0 から 100.0 の範囲の 3 個の実数の乱数を生成します。

```
>>> import random
>>>
>>> random.seed()          # 乱数ジェネレーターを初期化する
>>> for i in range(0, 3):
...     random.random() * 100.0
...
50.35469824140749
76.86886207132976
84.28057576263967
```

指定した任意の範囲の実数（float）値を生成するときには、random. uniform() を使います。書式は次の通りです。

```
random.uniform(x, y)
```

このメソッドは x から y の範囲の float 値を生成します。

次の例は、0.0 から 10.0 の範囲の 3 個の実数の乱数を生成します。

```
>>> import random
>>>
>>> random.seed()          # 乱数ジェネレーターを初期化する
>>> for i in range(0, 3):
...     random.uniform(0, 10.0)
...
7.96657801997846
1.275552049912917
```

```
4.4407938846410335
```

random.choice() を使って実数のシーケンスから 1 つの要素をランダムに取り出すこともできます。

次の例は、実数の Tuple から 3 個の数を取り出します。

```
>>> import random
>>>
>>> random.seed()          # 乱数ジェネレーターを初期化する
>>> for i in range(0, 3):
...     random.choice((1.2, 3.8, 5.4, 7.9, 9.1))
...
7.9
9.1
3.8
```

2.5 日付と時間

日付や時刻に関するさまざまな操作に使うことができるモジュールが Python には複数用意されています。

datetime モジュールには、日付と時刻を扱うためのメソッドがあります。

date モジュールには、日付を扱うためのメソッドがあります。

time モジュールには、時刻を扱うためのメソッドがあります。

【 現在の日付や時刻を取得する 】

現在の日付と時刻を取得するときには、datetime.datetime.now() を使います。

```
>>> import datetime
>>>
>>> print(datetime.datetime.now())
2019-10-28 07:43:45.523109
```

　現在の日付だけを取得したい場合は、datetime.date.today() を使うことができます。

```
>>> import datetime
>>>
>>> print(datetime.date.today() )
2019-10-28
```

　日付時刻の、年、月、日、時、分、秒、µ秒（マイクロ秒）をそれぞれ個別に取得したい場合は、以下のように datetime の属性を使います。

```
import datetime

d = datetime.datetime.now()

print("年：", d.year)
print("月：", d.month)
print("日：", d.day)
print("時：", d.hour)
print("分：", d.minute)
print("秒：", d.second)
print("µ秒：", d.microsecond)
```

　書式を指定できる datetime.datetime.strftime() を使って日付時刻を特定の書式で出力することもできます。

```
import datetime

dt = datetime.datetime.now()
```

```
print(dt.strftime("%Y/%m/%d %H:%M:%S"))      # 年/月/日 時:分:秒

print(dt.strftime("%m/%d %H:%M "))           # 月/日 時:分
```

この時の書式指定文字列は次の通りです（大文字／小文字を区別するので注意してください）。

表2.3●日付時刻の書式指定文字列

文字列	意味
%Y	年
%m	月
%d	日
%H	時
%M	分
%S	秒

【 システム時刻を取得する 】

システムの時刻の起点（epoch という）からの経過時間であるシステムの時刻を取得するには time.time() を使います。

```
import time

print(time.time())
```

【 経過時間を計る 】

何らかの処理を行ったときにかかった時間を計りたいときなどには、time.time() で処理の開始直前と処理終了直後の時刻を取得して、(処理終了直後)-(処理の開始直前) で計算します。

```
import time

start = time.time()      # 処理前の時刻
```

```
# 時間がかかる処理
x=0.0
for i in range(10000):
    for j in range(1000):
        x += i * 0.1

finish = time.time()       # 処理後の時刻

# 経過時間を表示する
print(f"経過時間（秒）:{ finish - start }")
```

【 カレンダーを作成する 】

Python にはカレンダーを容易に作成する手段が提供されています。

calendar.month() を使うと、指定した年、月のカレンダーを文字列で取得することができます。

```
>>> import calendar
>>>
>>> print(calendar.month(2020, 3))
     March 2020
Mo Tu We Th Fr Sa Su
                   1
 2  3  4  5  6  7  8
 9 10 11 12 13 14 15
16 17 18 19 20 21 22
23 24 25 26 27 28 29
30 31
```

データの操作

ここでは、Python での基本的なデータの
操作について説明します。

3.1 並べ替え

データを大きい順（降順）や小さい順（昇順）に並べ替えることはよくあります。データを並べ替えることをソートするといいます。

【 要素を並べ替える 】

シーケンスの要素を並べ替えする（ソートする）ときには、組み込み関数の sorted() を使うことができます。

sorted() は、イテレータ可能な要素を並べ替えた新たなリストを返します。

書式は次の通りです。

```
sorted(iterable, *, key=None, reverse=False)
```

iterable は要素の並びです。key には引数が 1 つの関数を指定します。reverse に True を指定するとソート結果が逆順になります。

sorted() の使用例を示します。

```
>>> l1 = [7, 3, 5, 10]
>>> l2 = sorted(l1 )
>>> print(l2)
[3, 5, 7, 10]
>>> s = ('c', 'H', 'i', 'z', 'a')
>>> sorted(s, key=str.lower)
['a', 'c', 'H', 'i', 'z']
>>> l1 = [(7, 2), (5, 5), (10, 3), (3, 4)]
>>> l2 = sorted(l1, key=lambda x: x[1] )
>>> print(l2)
[(7, 2), (10, 3), (3, 4), (5, 5)]
```

【 オブジェクトを並べ替える 】

リストなどのコンテナに保存した要素を並べ替えるときには、大小を比較する特殊メソッド __gt__() を定義します。

次のプログラムは、id と name を持つクラス Member の定義とデータを登録して並べ替える例です。

リスト3.1●listsort.py

```python
# listsort.py
# -*- coding:utf-8 -*-

class Member():
  def __init__(self, id, name):
    self.id = id
    self.name = name
  def __eq__(self, arg1):          # 特殊メソッド==
    return self.id == arg1.id
  def __ne__(self, arg1):          # 特殊メソッド!=
    return self.id != arg1.id
  def __lt__(self, arg1):          # 特殊メソッド<
    return self.id < arg1.id
  def __gt__(self, arg1):          # 特殊メソッド>
    return self.id > arg1.id

data = [ Member('C0124', 'pochi') ]
data.append(Member('A0087', 'picerton'))
data.append(Member('B0101', 'ken'))

print('並べ替え前')
for i in data:
    print(i.id, i.name)

data.sort()

print('並べ替え後')
for i in data:
    print(i.id, i.name)
```

【 要素を逆に並べ替える 】

要素の逆イテレータを返す関数 reversed() を使うと、要素を逆順に取り出すイテレータ（reverse iterator）が返されます。これは要素を逆の順序に並べることと同じです。

reversed() の使用例を示します。

```
>>> for i in reversed(range(1, 5)):
...     print(i)
...
4
3
2
1
```

sorted() の引数 reverse を True にすることで要素を逆に並べ替えることもできます。

次の例は、sorted() で逆に並べ替えます。

```
>>> data = [7, 3, 5, 10, 1, 4]
>>> sorted(data)
[1, 3, 4, 5, 7, 10]
>>> sorted(data, reverse=True )
[10, 7, 5, 4, 3, 1]
```

3.2 検索

データから特定のデータを取り出すことはよくあります。データを検索することをサーチともいいます。

【 検索する 】

コンテナの中に要素があるかどうかを調べたいときには、in 演算子を使います。

次の例は、data の中に指定した値があるかどうか調べます。

```
>>> data = [7, 3, 5, 10, 1, 4]
>>> 5 in data      # dataの中に5はあるか？
True
>>> 8 in data      # dataの中に5はあるか？
False
```

【 オブジェクトを検索する 】

クラスに等価演算子（==）を実装することで、in 演算子を使ってオブジェクトを検索することができます。

次のプログラムは、Member クラスを定義し、リストにデータを 3 件登録して、そのリストの中に指定したデータがあるかどうか検索する例です。

リスト3.2●indata.py

```
# indata.py
# -*- coding:utf-8 -*-

class Member():
    def __init__(self, id, name):
        self.id = id
        self.name = name
    def __eq__(self, arg1):          # 特殊メソッド==
        return self.id == arg1.id and self.name == arg1.name

data = [ Member('C0124', 'pochi') ]
data.append(Member('A0087', 'picerton'))
data.append(Member('B0101', 'ken'))
```

```
x= Member('C0124', 'pochi')
if (x in data):                        # 'C0124', 'pochi'は存在するか？
    print(x.id, x.name, 'は存在します。')
else:
    print(x.id, x.name, 'は存在しません。')

y= Member('A0087', 'ken')
if (y in data):                        # 'A0087', 'ken'は存在するか？
    print(y.id, y.name, 'は存在します。')
else:
    print(y.id, y.name, 'は存在しません。')
```

3.3 暗号

文字列を暗号化するには Crypto ライブラリを使うことができます。

【 暗号化する 】

文字列を暗号化する方法はいろいろありますが、ここでは Crypto.Cipher パッケージを使って AES（Advanced Encryption Standard）と呼ぶ共通鍵暗号アルゴリズムを使う方法で暗号化します。

最初に、Crypto.Cipher.AES モジュールをインポートします。

```
from Crypto.Cipher import AES
```

Python の Crypto.Cipher.AES では、次の決まりがあります。

- キーの長さは 16、24、32 バイトのいずれかでなければならない。
- 暗号化する文字列は 16 バイトの倍数でなければならない。

そこで、まず文字列の長さを 16 バイトの n 倍に調整する関数を定義します。

```python
# 文字列を16バイトのn倍に調整する
def str16n(s):
    return s + ' ' * (16 - len(s) % 16)
```

さらに、文字列の長さを 16、24、32 バイトのいずれかに調整する関数も定義します。

```python
# 文字列を16、24、32バイトのいずれかに調整する
def keystr(s):
    if len(s) < 17:
        return s + ' ' * (16 - len(s))
    if len(s) < 25:
        return s + ' ' * (24 - len(s))
    if len(s) < 33:
        return s + ' ' * (32 - len(s))
    if len(s) > 32:
        return s % 32
```

暗号化のためのキーを変数 key に保存して、暗号化するメッセージを msg に保存して、AES.new() で crypto オブジェクトを作成して、crypto.encrypt() を呼び出すと、暗号化されたバイト列が生成されます。

```python
key = 'happy puppy dogs'
msg = 'hello python!'

# 暗号化する
crypto = AES.new(keystr(key))
codedbytes = crypto.encrypt(str16n(msg))
print('暗号化バイト列=', codedbytes)
```

【 復号する 】

　暗号化したバイト列を復号するには、暗号化したときのキーを使って
AES.new() で crypto オブジェクトを作成して、crypto.decrypt() を
使います。これで復号されたバイト列が返されるので bytes.decode() で
文字列に変換します。

```
crypto = AES.new(keystr(key))

decoded = crypto.decrypt(codedbytes)
decodedstr = bytes.decode(decoded)
print('復号された文字列', decodedstr.rstrip())
```

　暗号化と復号のプログラムをまとめると次のようになります。

```
# crypto.py
# -*- coding:utf-8 -*-
from Crypto.Cipher import AES

# 文字列を16バイトのn倍に調整する
def str16n(s):
    return s + ' ' * (16 - len(s) % 16)

# 文字列を16、24、32バイトのいずれかに調整する
def keystr(s):
    if len(s) < 17:
        return s + ' ' * (16 - len(s))
    if len(s) < 25:
        return s + ' ' * (24 - len(s))
    if len(s) < 33:
        return s + ' ' * (32 - len(s))
    if len(s) > 32:
        return s % 32

secret_key = 'happy puppy dogs'
msg = 'hello python!'
print('もとの文字列', msg)
```

```
# 暗号化する
crypto = AES.new(keystr(secret_key))
codedbytes = crypto.encrypt(str16n(msg))
print('暗号化バイト列=', codedbytes)

# 復号する
decoded = crypto.decrypt(codedbytes)
decodedstr = bytes.decode(decoded)
print('復号された文字列', decodedstr.rstrip())
```

入出力

ここでは、Python での基本的なデータの
操作について説明します。

4.1 標準デバイスへの入出力

　ここでは、Python でのコンソールや標準入出力への入力や出力について
説明します。

【 出力する 】

　コンソールや標準出力に出力するときは print() を使います。Python
のインタープリタで実行しているときには、単に変数名や関数、式などを入
力することでその値を出力できます。

```
>>> x=123.45
>>> print(x)
123.45
>>> x
123.45
>>> 2.3 * 3 -1.1
5.799999999999999
```

　　　上の最後の式の例では、実数をコンピュータの内部で演算するための
　　　表現に変換するときに誤差が発生しているため、結果が 5.8 になっ
　　　ていません。

　文字列の場合にも print() を使って出力できます。Python のインター
プリタで実行しているときには、単に変数名を入力して文字列を出力するこ
とができますが、その場合は文字列であることを示すために文字列が ' と '
で囲まれます。

```
>>> s='Hello Python'
```

```
>>> print(s)
Hello Python
>>> s
'Hello Python'
```

【 入力する 】

テキスト行を入力するには input() を使います。「Name?」と表示して名前を入力するように促し、「Hello, (名前)」と表示するプログラムは次の2行になります。

```
x = input(' Name? ')
print('Hello, ', x)
```

変数 x には入力された名前が保存されます。

数値も同様に入力することができます。ただし、input() を使って入力した値は文字列とみなされるので、数値に変換する必要があります。Python で数字の文字列 x を数値に変換したい場合に、整数に変換するには int(x) を、実数（浮動小数点）に変換するには float(x) を使います。

実数に変換する例を示します。

```
>>> x=input('値? ')
値? 12.3
>>> x=float(x)
>>> x
12.3
```

入力して変換するプログラムコードだけを抜き出すと次のようになります。

```
x=input('値? ')
x=float(x)
```

これは次のように 1 行で記述することもできます。

```
x=float(input('値? '))
```

4.2 テキストファイル入出力

テキストファイルへの読み書きには、ファイルを開いてから読み書きのためのメソッドを呼び出して読み書きします。

【 ファイルに書き出す 】

テキストファイルへの書き込みは open() でファイルを開いてから、File.write() で引数の文字列をファイルに書き込むことができます。

次のプログラムは、1 つの文字列をテキストファイルに書き込む例です。

リスト4.1●writestr.py

```
# writestr.py
# -*- coding:utf-8 -*-

str = "Hello, Python"        # 書き込む文字列

f = open('sample.txt', 'w') # 書き込みモードで開く
f.write(str)                 # 文字列をファイルに書き込む
f.close()                    # ファイルを閉じる
```

複数の文字列行を一度に書き込むときには、File.writelines() を使います。

次のプログラムは、tuple に保存した複数の文字列をテキストファイルに書き込む例です。文字列を改行するために書き込む文字列の最後に "¥n" を

追加している点に注意してください。

リスト4.2●writestrs.py

```
# writestrs.py
# -*- coding:utf-8 -*-

strs = ("Hello, Python.¥n", "Good morning.¥n", "良い天気だね。")

f = open('sample.txt', 'w')  # 書き込みモードで開く
f.writelines(strs)           # tupleを書き込む
f.close()
```

【 ファイルを読み込む 】

テキストファイルから文字列を読み込むときには、open() でファイルを開いてから File.read() で読み込みます。

次のプログラムは、テキストファイルの文字列を最後まで読み込んで表示する例です。

リスト4.3●readtxt.py

```
# readtxt.py
# -*- coding:utf-8 -*-

f = open('sample.txt')        # ファイルを開く
data = f.read()               # ファイル終端まで全て読んだデータを返す
f.close()
lines = data.split('¥n')      # 読み込んだ文字列を改行で切り出す
for line in lines:
    print(line)
```

複数行のテキストファイル全体を読み込んだ結果をリストに保存するには、File.readlines() を使います。

　次のプログラムは、File.readlines() を使って複数行のデータを読み込む例です。

リスト4.4●readlines.py

```
# readlines.py
# -*- coding:utf-8 -*-

f = open('sample.txt')
lines = f.readlines() # ファイル全体を読み込んでリストに保存する
f.close()

for line in lines:
    print(line)
```

　複数行のテキストファイルを行ごとに読み込みたいときには、File.readline() を使います。
　次のプログラムは、File.readline() を使って複数行のデータを読み込む例です。

リスト4.5●readline.py

```
# readline.py
# -*- coding:utf-8 -*-

f = open('sample.txt')
line = f.readline() # ファイルの行を1行読み込む
while line:
    print(line)
    line = f.readline()

f.close()
```

4.3　バイナリファイル入出力

　バイナリファイルへの読み書きには、ファイルを開いてから読み書きのためのメソッドを呼び出して読み書きします。

【 バイナリファイルを読み書きする 】

　バイナリファイルへの書き込みは、読み書きを指定する引数に 'b' を追加して open() でファイルを開いてから、File.read() でファイルの内容を読み込み、File.write() でファイルに書き込みます。

　次のプログラムは、バイナリファイルとしてファイルを開き、データを読み込んで書き込むことでファイルをコピーする例です。

リスト4.6●bincopy.py

```python
# bincopy.py
# -*- coding:utf-8 -*-

ifname = input('入力ファイル:')
ofname = input('出力ファイル:')

ifile = open(ifname, 'rb')   # 入力ファイルを開く
ofile = open(ofname, 'wb')   # 出力ファイルを開く

data = ifile.read()          # データを読み込む

ofile.write(data)            # データを書き込む

ifile.close()                # ファイルを閉じる
ofile.close()                # ファイルを閉じる
```

4.4 CSV ファイル入出力

カンマ（','）で区切られた文字列からなるファイルを CSV（Comma-Separated Values）ファイルと呼びます。

CSV ファイルへの読み書きには、csv モジュールをインポートしてから、open() でファイルを開き、さらに読み書きのためのメソッドを呼び出して読み書きします。

【 ファイルに書き出す 】

CSV ファイルへの書き込みは、open() でファイルを開いてから csv.writer を作成して、csv.writer.writerow() で引数のリストをファイルに書き込むことができます。

次のプログラムは、ひと組の文字列を CSV ファイルに書き込む例です。

リスト4.7 ●csvwriter.py

```
# csvwriter.py
# -*- coding:utf-8 -*-

import csv

list = ("apple", "200", "1230" )

f = open('sample.csv', 'w')

writer = csv.writer(f, lineterminator='¥n')
writer.writerow(list)

f.close()
```

一連のリストを csv.writer.writerows() で書き込むこともできます。

次のプログラムは、3 組の Tuple を CSV ファイルに書き込む例です。

リスト4.8●csvwrite.py

```
# csvwrite.py
# -*- coding:utf-8 -*-

import csv

data = [("apple", "200"), ("orange", "180"), ("pear", "350")]

f = open('sample.csv', 'w')

writer = csv.writer(f, lineterminator='¥n')
writer.writerows(data)

f.close()
```

【 ファイルを読み込む 】

CSV ファイルから文字列を読み込むときには、open() でファイルを開い
てから csv.reader() で読み込みます。

次のプログラムは、CSV ファイルの内容を最後まで読み込んで表示する
例です。

リスト4.9●csvread.py

```
# csvread.py
# -*- coding:utf-8 -*-

import csv

f = open('sample.csv', 'r')

reader = csv.reader(f)
```

```
for row in reader:
    print(row)

f.close()
```

4.5 オブジェクト入出力

オブジェクトを読み書きできるようにするには、そのクラスに保存と読み込みのメソッドを追加します。

【 オブジェクトを読み書きする 】

クラスのオブジェクトを保存できるようにするには、オブジェクトの情報を保存するためのメソッドと、オブジェクトの情報を読み込むためのメソッドをクラスに定義します。

ここでは name と age がメンバーである Dog クラスを例として説明します。

```
class Dog():
    def __init__(self, name, age):   # コンストラクタ
        self.name = name             # インスタンス変数
        self.age = age
```

このクラスのオブジェクトを保存できるようにするには、オブジェクトの情報（この場合は name と age）を保存するためのメソッドと、オブジェクトの情報を読み込むためのメソッドをクラスに定義します。

保存するためのメソッドを save() という名前で作り、単純にテキストファイルに情報を出力するようにするなら、たとえば次のようにします（テキストファイルに保存すると、保存した情報の確認が容易になります）。

```
def save(self, file):              # 保存メソッド
    file.write(self.name+'¥n')
    file.write(str(self.age)+'¥n')
```

　この情報を読み込むメソッドは load() という名前で作ることにします。たとえば、次のようにすれば情報を読み込むとともに、読み込む情報がなくなったら False を返すようにすることができます。

```
def load(self, file):              # 読み込みメソッド
    name = file.readline()
    age= file.readline()
    if len(name)<1 or len(age)<1:
        return False
    self.name = name.rstrip(os.linesep)
    self.age = int(age)
    return True
```

rstrip(os.linesep) は、読み込んだ文字列の最後にある改行（'¥n'）を削除するためのものです。

　このクラスを使ってオブジェクトを UTF-8 のテキストファイルに保存して読み込むプログラムの例を、次に示します。

リスト4.10●outinobj.py

```
# outinobj.py
# -*- coding:utf-8 -*-
import os

class Dog():
    def __init__(self, name, age):        # コンストラクタ
        self.name = name                  # インスタンス変数
        self.age = age
    def save(self, file):                 # 保存メソッド
```

```
        file.write(self.name+'¥n')
        file.write(str(self.age)+'¥n')
    def load(self, file):                # 読み込みメソッド
        name = file.readline()
        age= file.readline()
        if len(name)<1 or len(age)<1:
            return False
        self.name = name.rstrip(os.linesep)
        self.age = int(age)
        return True
    def print(self):                     # 出力メソッド
        print("%10s %2d" % (dog.name, dog.age))

dogs = [Dog("ポチ", 5), Dog("ラッキー", 7), Dog("シロ", 4)]

fo = open('sample.txt', mode='w', encoding='utf-8') # 書き込みモードで開く

for dog in dogs:
    dog.save(fo)            # オブジェクトをファイルに書き込む

fo.close()                  # ファイルを閉じる

data = []

fi = open('sample.txt', mode='r', encoding='utf-8') # 書き込みモードで開く

# ファイルからオブジェクトを読み込む
dog = Dog('', 0)           # 空のオブジェクトを作る
while dog.load(fi):
    data.append(dog)
    dog = Dog('', 0)       # 空のオブジェクトを作る

fi.close()                 # ファイルを閉じる

# 読み込んだデータを表示する
for dog in data:
    dog.print()            # オブジェクトを表示する
```

オブジェクトの情報をバイナリで保存するようにしたり、CSV ファ
イルとして保存するようにしても、もちろん構いません。

文字と文字列

文字は 'a' や ' あ ' のような 1 文字のこ
とで、文字列とは 'Python' や ' こんにち
は ' のような 1 個以上の文字がつながっ
たものです。Python では、原則的に文字
と文字列を区別しません。

5.1 文字の変換

文字列の中の大文字を小文字に変換したり、小文字を大文字に変換することができます。

【 大文字を小文字に変換する 】

文字列の中の大文字を小文字に変換するには、str.lower() を使います。

```
>>> s= 'AbcDEFghiあいうえお'
>>> s.lower()
'abcdefghiあいうえお'
```

日本語の文字は変換されませんが、いわゆる全角のＡＢＣなどは変換されます。

```
>>> s='ＡＢＣＡＢＣXYZ'
>>> s.lower()
'ａｂｃａｂｃxyz'
```

【 小文字を大文字に変換する 】

文字列の中の小文字を大文字に変換するには、str.upper() を使います。

```
>>> s= 'AbcDEFghiあいうえお'
>>> s.upper()
'ABCDEFGHIあいうえお'
```

【 バイト列を UTF-8 文字列に変換する 】

文字のバイト列を UTF-8 の文字列に変換するには、bytes.decode() を使います。

```
>>> bytes =b'HTML ¥xe3¥x82¥xb5¥xe3¥x83¥xb3¥xe3¥x83¥x97¥xe3¥x83¥xab'
>>> bytes.decode("utf-8")
'HTML サンプル'
```

【 UTF-8 文字列をバイト列に変換する 】

UTF-8 の文字列を文字のバイト列に変換するには、str.encode() を使います。

```
>>> str='HTML サンプル'
>>> str.encode("utf-8")
b'HTML ¥xe3¥x82¥xb5¥xe3¥x83¥xb3¥xe3¥x83¥x97¥xe3¥x83¥xab'
```

5.2 文字コードの変換

文字コード（文字エンコーディング）には、UTF-8、シフト JIS、EUC-JP、Unicode、EBCDIC などさまざまな種類があります。Python の内部では、文字コードには Unicode が使われていますが、ファイルには UTF-8 が使われることが多くなっています。

日本語 Windows では、長い間、シフト JIS がデフォルトの文字コードであったため、これまではさまざまな場面でシフト JIS が使われていました。しかし、ネットワークが発達した影響で、多くの場面で UTF-8 が使われるようになっています。今後はさまざまな場面で主に UTF-8 が使われるようになるでしょう。

【 シフト JIS を UTF-8 に変換する 】

テキストの文字コード（文字エンコーディング）の変換には、codecs モジュールを使うことができます。

文字コードを変換するには、codecs.open() でモードとエンコーディングを指定してファイルを開き、codecs.StreamWriter.write() で書き込みます。

次のプログラムは、シフト JIS のテキストファイルを UTF-8 のファイルに変換する例です。

リスト5.1 ● sjis2utf8.py

```python
# sjis2utf8.py
# -*- coding:utf-8 -*-
import codecs

# Shift_JISのファイルを開く
fin = codecs.open('./txt/sjis.txt', "r", "shift_jis")

# UTF-8のファイルを出力用に開く
fout = codecs.open('./txt/genutf8.txt', "w", "utf-8")

# 文字コードを utf-8 に変換して保存
for row in fin:
    fout.write(row)
fin.close()
fout.close()
```

【 UTF-8 を Shift-JIS に変換する 】

UTF-8 をシフト JIS に変換するときにも、codecs.open() でモードとエンコーディングを指定してファイルを開き、codecs.StreamWriter.write() で書き込みます。

次のプログラムは、UTF-8 のテキストファイルをシフト JIS のファイルに

変換する例です。

リスト5.2●utf82sjis.py

```python
# utf82sjis.py
# -*- coding:utf-8 -*-
import codecs

# UTF-8のファイルを出力用に開く
fin = codecs.open('./txt/utf8.txt', "r", "utf-8")

# Shift_JISのファイルを開く
fout = codecs.open('./txt/gensjis.txt', "w", "shift_jis")


# 文字コードを utf-8 に変換して保存
for row in fin:
    fout.write(row)
fin.close()
fout.close()
```

システム

この章では、OS が提供するサービスに関
連する事項を取り上げます。

6.1 コマンドライン引数

Pythonのスクリプトを起動したときに渡されたコマンドライン引数は
sys.argvにリストとして保存されます。

【 コマンドライン引数を取得する 】

sys.argvには、Pythonスクリプトに渡されたコマンドライン引数のリ
ストが保存されます。

sys.argv[0]にはスクリプトの名前（OSによって完全パス名かファイ
ル名のどちらか）になります。

コマンドライン引数を指定してPythonのスクリプトを起動すると、sys.
argv[1]以降にコマンドライン引数が文字列として含まれます。

次のプログラムは、コマンドライン引数を出力する例です。

リスト6.1●cmdlineargs.py

```
# cmdlineargs.py
# -*- coding:UTF-8 -*-
import sys

for arg in sys.argv:
    print(arg)
```

OSのコマンドプロンプトに対して、上のスクリプトを次のようにコマン
ドラインに引数を指定して実行すると、コマンドライン引数が表示されます
（Windowsでの実行例です）。

```
C:\PythonHB>py cmdlineargs.py abc 123 xyz
cmdlineargs.py
abc
```

```
123
xyz
```

6.2 システム情報

システム情報を取得するときには sys モジュールを使います。

【 システムフラグを表示する 】

sys.flags はコマンドラインフラグの状態を表す読み出し専用名前付きタプルです。属性を設定するときに Python の起動時に下記に示すコマンドラインオプション（フラグ）を指定します。

表6.1●システムフラグとコマンドラインオプション

属性	オプション（フラグ）
debug	-d
inspect	-i
interactive	-i
isolated	-I
optimize	-O または -OO
dont_write_bytecode	-B
no_user_site	-s
no_site	-S
ignore_environment	-E
verbose	-v
bytes_warning	-b
quiet	-q
hash_randomization	-R
dev_mode	-X dev
utf8_mode	-X utf8

※ Python を起動するときにオプション -i を指定すると、フラグ inspect と interactive の両方が 1 になります。

たとえばdebugを1にしたいときには、Pythonを起動するときに「python -d」でPythonを起動します。

システムフラグを表示する例を次に示します。

```
>>> sys.flags
sys.flags(debug=0, inspect=0, interactive=0, optimize=0,
dont_write_bytecode=0, no_user_site=0, no_site=0,
ignore_environment=0, verbose=0, bytes_warning=0, quiet=0,
hash_randomization=1, isolated=0, dev_mode=False, utf8_mode=0)
>>>
```

システムフラグの特定の属性を表示する例を示します。「python -d」でPythonを起動して、フラグ debug を調べる例です。

```
C:\Users\notes>python -d
Python 3.7.3 (v3.7.3:ef4ec6ed12, Mar 25 2019, 22:22:05) [MSC v.1916
64 bit (AMD64)] on win32
Type "help", "copyright", "credits" or "license" for more
information.
>>> import sys
>>> sys.flags.debug
1
>>>
```

【 整数の最大値を調べる 】

整数の最大値（正確には Py_ssize_t 型の変数が取りうる最大値）を調べるには、sys.maxsize を使います。

通常、32 ビットプラットフォームでは $2^{31} - 1$、64 ビットプラットフォームでは $2^{63} - 1$ になります。

```
>>> sys.maxsize
9223372036854775807
```

【 プラットフォームを調べる 】

プラットフォームを調べるには、sys.platform を使います。

Python のプログラムは原則としてプラットフォームに依存しませんが、OS の機能やコマンドなどを直接使う場合などにはプラットフォームに依存する場合があります。

主な値は次の通りです。

表6.2●システムとplatformの値

システム	platform の値
Linux	`'linux'`
Windows	`'win32'`
Windows/Cygwin	`'cygwin'`
macOS	`'darwin'`

【 Python のバージョンを調べる 】

Python のバージョンを調べるには、sys.version_info を使います（文字列情報が返される sys.version は使わずに sys.version_info を使ってください）。

次の例は、Python のインタープリタでバージョン情報を表示します。

```
>>> import sys
>>> sys.version_info
sys.version_info(major=3, minor=7, micro=3, releaselevel='final',
serial=0)
```

次の例は、Python 3.4 以下である場合にメッセージを表示してプログラムを終了します。

```
import sys

if sys.version_info.major < 3 &
    sys.version_info.minor < 4:
```

```
print("Python 3.4以上を使ってください。")
exit()
```

6.3 スリープ

　プログラムの中で「ちょっと間を置いて」から何かをしたいということがよくあります。この「ちょっと間を置いて」というのは、プログラムの動作を一時的に停止することに他なりません。

　ちょっと止める方法には、スリープとディレイがあります。

【 プログラムを一時停止する 】

　プログラムをスリープする最も基本的な方法では、time というモジュールの sleep() という関数を使う方法です。

　具体的には、time モジュールをインポートしておいて、time.sleep() を呼び出します。

```
import time

time.sleep(n)
```

　n はプログラムを止めて待っている時間（秒）です。

　これで良いのですが、「from モジュール名 import 関数名」という形式を使って、特定のモジュールの特定の関数だけをインポートすることができます。

　その場合は次のようにします。

```
from time import sleep    # sleep() 呼び出し用
```

この方法を使うと、モジュール名を指定せずに関数名だけで関数を呼び出すことができるようになります。

```
sleep(n)  # n秒待つ
```

【 PyGame で一時停止する 】

「ちょっと間を置く」ための方法は他にもあります。たとえば、pygame というモジュールを使うこともできます。

> pygame モジュールは、コマンドラインから「python -m pip install pygame」のようなコマンドを実行してインストールできます。

PyGame で一時停止するときには、pygame.time.delay() を使うことができます。

```
pygame.time.delay(100)  # 100ミリ秒待つ
```

次に示すのは、pygame.mixer.Sound を使ってサウンドを再生するプログラムで、サウンドが鳴り終わるのを待つために pygame.time.delay() を使う例です。

リスト6.2●timedelay.py

```
# timedelay.py
# -*- coding:utf-8 -*-

import pygame

pygame.init()                              # pygame初期化

# Windows環境など環境によってはウィンドウを作らないと再生されない
```

```
screen = pygame.display.set_mode((300, 200))

pygame.mixer.init()                              # mixerの初期化

sound = pygame.mixer.Sound("gamesound.wav")    # サウンドを設定する

print('Volume=', sound.get_volume())

sound.play()

# 鳴り終わるまで待つ
while pygame.mixer.get_busy():
    pygame.time.delay(100)

pygame.mixer.quit()

pygame.quit()
```

6.4 プログラムの停止

　プログラムコードで、プログラムを終了したり、Python のインタープリタを終了することができます。

【 プログラムを終了する 】

　Python のプログラムの実行を終了するときには、exit() を使います。
　exit() には整数の引数を指定することができ、指定した場合、OS シェルは一般に 0 を正常終了として、0 以外の正の整数を異常終了として扱います。
　ループの途中でプログラムを終了する例を次に示します。

リスト6.3●endexit.py

```
# endexit.py
# -*- coding:UTF-8 -*-

x = 0

while True:
    if x > 10:
        exit()        # exit(0) としても良い
    print(x)
    x += 1
```

exit() は SystemExit を送出するので、上のレベルや try ステートメントの finally 節で例外として処理することもできます。

【 インタープリタを終了する 】

Python のインタープリタ（インタラクティブシェル）の実行を終了するときには、quit() を使います。

```
>>> quit()
```

quit() を実行すると、Python のインタープリタが終了して、OS のコマンドプロンプトに戻ります。

6.5 実行環境

Python のプログラムは、原則的にはプラットフォーム（Windows、Linux、macOS など）に依存することなく、作成したプログラムはどのプ

ラットフォームでも同じように動作します。しかし、Windows と Linux など UNIX 系の OS とでは、サポートされる技術が異なる場合があります。そのため、ごくわずかですが、実行環境によってプログラムの変更を必要とすることがあります。

【 実行環境によってプログラムを変える 】

Python のプログラムを実行環境に依存しないようにするには、実行時に環境を調べて適切なコードを実行するようにする必要があります。Python の実行時に環境を調べるには、次のコードを使います。

```
platform.system()
```

この関数が文字列 'Windows' を返せば、実行環境は Windows です。そうでなければ UNIX 系 OS である可能性が高いといえます（たとえば Linux 上であるなら 'Linux' が返されるでしょう）。

そこで、次のようにして実行するコードを切り替えます。

```
import platform

if platform.system() == 'Windows':
    (Windows環境で実行するコード)
else:
    (Linux環境で実行するコード)
```

たとえば、周波数 440 Hz の音を 1 秒鳴らすプログラムコードを環境によって変えるようにするには、次のようにします。

```
if platform.system() == 'Windows':
    winsound.Beep(440, 1000)
else:
    os.system('play -n synth 1 sin 440 > /dev/null 2>&1')
```

GUI プログラミング

ここでは、Python で簡単な GUI アプリを
作成する方法をいくつか紹介します。

7.1 GUI プログラミングの考え方

Python の GUI プログラミングの方法は数種類あります。

ここでは Python に標準で付属している Tk というツールキットを使う方法を最初に説明します。Tk を使った GUI アプリの詳細な作成方法は本書の範囲を超えるので、本書では基本的な構成の「イベント駆動型」と呼ばれるプログラミング手法を使った GUI アプリの作り方の基礎を解説するにとどめます。

【 GUI アプリの構造 】

数値を含むさまざまな文字列をコンソールで入力したり出力したりするプログラムを CUI アプリといいます。

それに対して、ウィンドウを使うアプリを GUI アプリといいます。

GUI アプリは CUI のプログラム（スクリプト）とは少し異なる考え方で作成します。その中心となるのが、アプリのイベントメッセージを処理するメインループです。

GUI アプリは、ウィンドウを作成する準備ができてウィンドウが表示されると、ウィンドウに送られるイベントメッセージを待ち続けます。イベントとは、マウスのクリックであったり、ユーザーからの入力であったり、あるいは他のプログラムからの要求であったりしますが、いずれにしてもアプリのイベントメッセージを処理するメインループがイベントを待ち続けます。

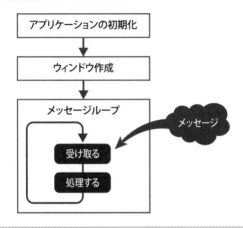

図7.1●GUIアプリの構造

　従って、アプリを終了するためのメッセージが送られない限り、プログラムが終了することもありません（CUI アプリは、無限ループがない限り、プログラムの最後のコードを実行すると終了します）。

　CUI アプリと GUI アプリはこのように動作が異なりますが、プログラミングを作成する立場からいえば、アプリがメッセージを受け取って、それに対応した動作をするようにコードを記述することで、GUI アプリを作成できます。

　このような、イベントの発生を待ってそれを処理するという考え方でプログラミングすることを、イベント駆動型プログラミングともいいます。この考え方は、Tk を利用するプログラミングだけでなく、後で説明する pygame というモジュールを使った GUI ベースのプログラミングでも使われています。

【 ウィンドウを作成する 】

　最初に、何もない（空の）ウィンドウを作成してみましょう。まず、Tk を利用するために tkinter というモジュールをインポートします。

```
import tkinter
```

次に、メインウィンドウを表す MainWindow クラスを作成します。

　Python のクラスは、性質や動作を伴う複雑なものを 1 つのものとして扱うことで、容易に扱えるようにするためのものです。ここではウィンドウというものを 1 つのオブジェクトとして扱うことで、複雑なことを単純に扱えるようにします。

もしクラスを使わない場合、たとえば、ウィンドウの幅や高さ、背景色、タイトルバーの文字などの値（属性）と、ウィンドウを表示したりウィンドウの位置を変更できるようにするなどの動作をすべて細かく定義しなければなりません。しかし、一般的な「ウィンドウ」というものがあるものとして、そのプログラム固有のことだけを記述できるようにすれば、とても単純になります。このときの、一般的な「ウィンドウ」は 1 つのひな型としてあらかじめ用意されているものを使い、それを継承する（それから派生する）ものを定義することで、特定の目的のためのウィンドウを容易に扱うことができます。

　ここでは、MainWindow クラスは、tkinter.Frame を継承するクラスとして定義します。これは典型的には次のように記述します（この段階では 1 つのパターンとして認識しておけば十分です）。

```python
class MainWindow(tkinter.Frame):
    def __init__(self, parent):
        super(MainWindow, self).__init__(parent)
        self.parent = parent
        self.grid(row=0, column=0)
```

　__init__() はこのクラスの初期化関数で、次のような作業を行います。

- スーパークラス（親クラス、すなわち一般的な「ウィンドウ」を表すクラス）の __init__() を呼び出します。

- 親クラスを設定します。
- いろいろなコンポーネントを配置するためのレイアウトマネージャと
  して grid（グリッド）マネージャーを設定します。ただし、このプロ
  グラムではコンポーネントをウィンドウ内部にレイアウトはしません。
  後のサンプルで使います。

また、プログラムが正常に終了できるように、MainWindow クラスの中
にメソッド quit() を作成しておきます。

```
def quit(self, event=None):
    self.parent.destroy()
```

application（アプリ）オブジェクトは次のようにして作成します。

```
application = tkinter.Tk()
```

ウィンドウにタイトルを付けたければ、次のようにします。

```
application.title('simplewnd')
```

これで window（ウィンドウ）オブジェクトを作成する準備ができました。

```
window = MainWindow(application)
```

アプリが終了するときには WM_DELETE_WINDOW というメッセージがウィ
ンドウに送られるので、先ほど定義した quit() を呼び出すように設定し
ます。

```
application.protocol('WM_DELETE_WINDOW', window.quit)
```

そして、アプリのメインループを呼び出します。

```
application.mainloop()
```

プログラム全体は次のようになります。GUI アプリのファイルは拡張子を .pyw にすることになっているので注意してください。

リスト7.1 ● simplewnd.pyw

```
# simplewnd.pyw          これはファイル名を示すコメントです。
import tkinter

class MainWindow(tkinter.Frame):
    def __init__(self, parent):
        super(MainWindow, self).__init__(parent)
        self.parent = parent

    def quit(self, event=None):
        self.parent.destroy()

application = tkinter.Tk()
application.title('simplewnd')
window = MainWindow(application)
application.protocol('WM_DELETE_WINDOW', window.quit)

application.mainloop()
```

このファイルを「C:¥PythonHB¥ch07」に保存したものと仮定すると、実行するには次のようにします（Windows の例です）。

```
Microsoft Windows [Version 5.0.17135.48]
(c) 2018 Microsoft Corporation. All rights reserved.

C:¥Users¥notes>cd ¥PythonHB

C:¥PythonHB>cd ch07

C:¥PythonHB¥ch07>python simplewnd.pyw
```

図7.2●simplewndの実行例

この単純なプログラムを終了するには、クローズボックスをクリックします。

図7.3●クローズボックス

 このアプリは Linux など UNIX 系 OS でもそのまま動作します。

7.2 ダイアログベースのアプリ

ここでは、メニューのない、ダイアログボックスベース（ダイアログベース）のアプリの作り方を示します。

【 ダイアログベースのアプリを作る 】

ここで作成するプログラムは、BMI（Body Mass Index、肥満の程度を表す数）を計算してその値を表示するプログラムです。BMI は次の式で計算します。

BMI = 体重（kg）/（身長（m）× 身長（m））

完成したプログラムのイメージを先に示します。

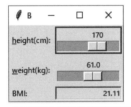

図7.4●BMIアプリ

上の図のように、「height(cm)」（身長）および「weight(kg)」（体重）というテキストと、2個のスライドする値ボックス、そして「BMI:」というテキストと計算結果である BMI 値をウィンドウの左下に表示します。

このようなダイアログベースのアプリを作成するときには、プログラムの部品であるウィジェット（Widget）を使って作ります。ここで使うウィジェットは、実数値とスライドバーを表示する DoubleVar、結果を表示する StringVar、文字列を表示する Label です。

BMI アプリのコードは次のようになります。

最初に、tkinter をインポートします。

```
import tkinter
```

tkinter をたびたび使う場合には、次のようにしてインポートすると、Tk という省略した名前で指定することができます。

```
import tkinter as Tk
```

次に、メインウィンドウのクラス MainWindow を定義します。このクラスの定義の最初の部分は simplewnd.pyw と本質的に同じです。

```
class MainWindow(tkinter.Frame):

    def __init__(self, parent):
        super(MainWindow, self).__init__(parent)
        self.parent = parent
```

その後に、ウィジェットをレイアウト（配置）するためにレイアウトマネージャというものを使います。ここでは Grid レイアウトマネージャを使うことにします。

```
        self.grid(row=0, column=0)
```

次に、プログラムで使う変数を定義します。ここでは height と weight を DoubleVar というオブジェクトの値として定義し、それぞれの初期値を 170 と 50 に設定します。

```
        self.height = tkinter.DoubleVar()
        self.height.set(170.0)
        self.weight = tkinter.DoubleVar()
        self.weight.set(50.0)
```

また、結果を表示するために bmi という変数を StringVar オブジェクトの値として定義します。

```
        self.bmi = tkinter.StringVar()
```

次に実際にウィジェット（プログラムの部品、コンポーネント）を作成します。このプログラムでは Label と Scale という 2 種類のウィジェットを使います。

```
heightLabel = tkinter.Label(self, text="height(cm):",
    anchor=tkinter.W, underline=0)
heightScale=tkinter.Scale(self, variable=self.height,
    command=self.updateUi, from_=100, to=200, resolution=1,
    orient=tkinter.HORIZONTAL)
weightLabel = tkinter.Label(self, text="weight(kg):",
    underline=0, anchor=tkinter.W)
weightScale = tkinter.Scale(self, variable=self.weight,
    command = self.updateUi, from_=1, to=100,
            resolution=0.25,orient=tkinter.HORIZONTAL)
bmiLabel = tkinter.Label(self, text="BMI:",
                        anchor=tkinter.W)
actualbmiLabel = tkinter.Label(self, textvariable=self.bmi,
        relief=tkinter.SUNKEN, anchor=tkinter.E)
```

　ここで、anchor プロパティは、ウィジェットを配置するときの配置する位置を示します。たとえば、「anchor=tkinter.W」は西側（West）に接するようにコンポーネントを配置します。

```
NW      N       NE


W     CENTER    E


SW      S       SE
```

図7.5●anchorプロパティと配置の位置

　Scale コンポーネントの command プロパティはこれを操作したときのコマンドを表します。この場合の「command=self.updateUi」は Scale コンポーネントが操作されたときに関数 updateUi を呼び出すようにします。
　次にコンポーネントをレイアウトします。
　レイアウトはグリッドで row（縦の段の位置）と column（横方向右から

の位置）を指定します。

```
# Layout
heightLabel.grid(row=0, column=0, padx=2, pady=2,
                sticky=tkinter.W)
heightScale.grid(row=0, column=1, padx=2, pady=2,
                sticky=tkinter.EW)
weightLabel.grid(row=1, column=0, padx=2, pady=2,
                sticky=tkinter.W)
weightScale.grid(row=1, column=1, padx=2, pady=2,
                sticky=tkinter.EW)
bmiLabel.grid(row=2, column=0, padx=2, pady=2,
                sticky=tkinter.W)
actualbmiLabel.grid(row=2, column=1, padx=2, pady=2,
                sticky=tkinter.EW)
```

なお、grid に指定可能なプロパティは次の通りです。

表7.1●gridのプロパティ

プロパティ	意味
column	配置する列
columnspan	何列にわたって配置するかを指定する（デフォルトは1）。
padx	外側の横の隙間。
pady	外側の縦の隙間。
ipadx	内側の横の隙間。
ipady	内側の縦の隙間。
row	配置する行。
rowspan	何行にわたって配置するかを指定する（デフォルトは1）。
sticky	配置方法と引き延ばし。値は anchor と同じ。引き伸ばす場合には値を + で複数指定する。

　sticky でウィジェットを引き伸ばす方法を指定するときには、左右に引き伸ばす場合は sticky=Tk.W + Tk.E、上下に引き伸ばす場合には sticky=Tk.N + Tk.S、全体に引き伸ばす場合には sticky=Tk.W + Tk.E + Tk.N + Tk.S を指定します。

ウィジェットを配置したら、身長（heightScale）にフォーカスを設定し、BMI の計算を行うメソッド updateUi() を呼び出します（updateUi() は後で作成します）。

```
heightScale.focus_set()
self.updateUi()
```

キーボードでもフォーカスを移動できるようにキーバインドを設定しますが、これはオプション（任意）です。

```
parent.bind("<Alt-p>", lambda *ignore:
                                heightScale.focus_set())
parent.bind("<Alt-r>", lambda *ignore:
                                weightScale.focus_set())
parent.bind("<Alt-y>", lambda *ignore:
                                yearScale.focus_set())
parent.bind("<Alt-q>", lambda *ignore: self.quit)
```

BMI の計算を行うメソッド updateUi() は、単純な計算式ですが、結果が小数点以下 2 桁で表示されるように「self.bmi.set("{0:.2f}".format(bmi))」で書式を指定します。

```
def updateUi(self, *ignore):
    bmi = (self.weight.get()*10000.0) / (self.height.get()
                                * self.height.get())
    self.bmi.set("{0:.2f}".format(bmi))
```

プログラムを終了する quit() は、simplewnd.pyw と同じです。

```
def quit(self, event=None):
    self.parent.destroy()
```

アプリを作成して実行する部分も、本質的に simplewnd.pyw と同じです。

```
application = tkinter.Tk()
```

```
application.title('bmi')
window = MainWindow(application)
application.protocol('WM_DELETE_WINDOW', window.quit)
application.mainloop()
```

プログラム全体は次のようになります。

リスト7.2●bmi.pyw

```
# bmi.pyw
import tkinter

class MainWindow(tkinter.Frame):

    def __init__(self, parent):
        super(MainWindow, self).__init__(parent)
        self.parent = parent
        self.grid(row=0, column=0)
        self.height = tkinter.DoubleVar()
        self.height.set(170.0)
        self.weight = tkinter.DoubleVar()
        self.weight.set(610)
        self.bmi = tkinter.StringVar()
        # Widgets
        heightLabel = tkinter.Label(self, text="height(cm):",
                    anchor=tkinter.W, underline=0)
        heightScale = tkinter.Scale(self, variable=self.height,
                    command=self.updateUi, from_=100, to=200,
                    resolution=1, orient=tkinter.HORIZONTAL)
        weightLabel = tkinter.Label(self, text="weight(kg):",
                    underline=0, anchor=tkinter.W)
        weightScale = tkinter.Scale(self, variable=self.weight,
                    command = self.updateUi, from_=1, to=100,
                    resolution=0.25,
                    orient=tkinter.HORIZONTAL)
        bmiLabel = tkinter.Label(self, text="BMI:",
                    anchor=tkinter.W)
```

```python
        actualbmiLabel = tkinter.Label(self, textvariable=self.bmi,
                        relief=tkinter.SUNKEN, anchor=tkinter.E)
        # Layout
        heightLabel.grid(row=0, column=0, padx=2, pady=2,
                        sticky=tkinter.W)
        heightScale.grid(row=0, column=1, padx=2, pady=2,
                        sticky=tkinter.EW)
        weightLabel.grid(row=1, column=0, padx=2, pady=2,
                        sticky=tkinter.W)
        weightScale.grid(row=1, column=1, padx=2, pady=2,
                        sticky=tkinter.EW)
        bmiLabel.grid(row=2, column=0, padx=2, pady=2,
                        sticky=tkinter.W)
        actualbmiLabel.grid(row=2, column=1, padx=2, pady=2,
                        sticky=tkinter.EW)
        # initialize
        heightScale.focus_set()
        self.updateUi()
        # key-bind
        parent.bind("<Alt-p>", lambda *ignore:
                                        heightScale.focus_set())
        parent.bind("<Alt-r>", lambda *ignore:
                                        weightScale.focus_set())
        parent.bind("<Alt-y>", lambda *ignore:
                                        yearScale.focus_set())
        parent.bind("<Alt-q>", lambda *ignore: self.quit)

    def updateUi(self, *ignore):
        bmi = (self.weight.get()*10000.0) / (self.height.get()
                                        * self.height.get())
        self.bmi.set("{0:.2f}".format(bmi))

    def quit(self, event=None):
        self.parent.destroy()

application = tkinter.Tk()
application.title('BMI')
window = MainWindow(application)
```

```
application.protocol('WM_DELETE_WINDOW', window.quit)
application.mainloop()
```

7.3　ゲームウィンドウの作成

　Python には主にゲームを作成するための PyGame というモジュールがあります。このモジュール pygame を使って GUI アプリのウィンドウを作ることができます。

　なお、PyGame モジュールは通常、コマンドラインから次のようなコマンドを実行するとインストールできます。

```
> python -m pip install pygame
```

【 ゲームウィンドウを作成する 】

　何もない（空の）pygame のウィンドウを作成してみましょう。ここで作るプログラムは、単にウィンドウが表示されて、ユーザーが Esc キーを押すか、ウィンドウの右上にあるクローズボックスをクリックしたらウィンドウが閉じてプログラムが終了するようにします。

　まず、pygame を利用するために pygame というモジュールをインポートします。

```
import pygame
```

　また、プログラムを終了するときに sys.exit() を呼び出すので、sys をインポートします。

```
import sys
```

　さらに、定数を使うので、次のようにして 3 つの定数 QUIT、KEYDOWN、K_ESCAPE を pygame.locals からインポートします。

```
from pygame.locals import QUIT, KEYDOWN, K_ESCAPE
```

 pygame.locals は pygame で使うさまざまな定数が定義されているモジュールです。

　このプログラムで使うインポート文は全体で次のようになります。

```
import sys
import pygame
from pygame.locals import QUIT, KEYDOWN, K_ESCAPE
```

　なお、「from pygame.locals import *」としてしまえば pygame.locals に含まれる定数をすべてインポートできるので、インポートする定数が多い時にこれを使うと便利です。
　必要なものをインポートしたら、次に、メインウィンドウの関数 main() を作成します。

```
def main():
```

　main() の最初で pygame に関連するすべてのモジュールを初期化します。

```
    pygame.init()                        # pygameの初期化
```

　次に、set_mode() を呼び出して画面を設定します。このとき、set_mode() の第 1 引数として画面のサイズを横と縦の大きさを表す Tuple で指定します。

```
    pygame.display.set_mode((400, 300))  # ウィンドウの設定
```

　set_mode() の引数には、さらにフラグと色の深さを指定できますが、ここでは省略します。

そして、ウィンドウの中に何かを描くためのサーフェスを作成します。このサーフェスがウィンドウの背景になります。

```
surface = pygame.display.get_surface()
```

　デフォルトではサーフェスの色は黒なので、(R, G, B) で薄いグレーを指定して、ウィンドウの背景が薄いグレーになるようにします。

```
surface.fill((220, 220, 220))       # 背景を薄いグレーにする
```

　(R, G, B) は赤（Red）、緑（Green）、青（Blue）の三原色で色を表現する方法で、各色の値は 0 ～ 255 の範囲で明るさを指定します。すべてが 0 の (0, 0, 0) ならば各要素の明るさはゼロなので真っ黒になり、すべてが 255 の (255, 255, 255) ならば色成分がすべて最大なので明るさも最大で白になり、赤だけが 255 の (255, 0, 0) ならば真っ赤になります。

　これで準備ができたので、イベントメッセージを受け取って処理するメインループを作ります。メインループは次のようになります（内容は後で説明します）。

```
while (True):
    pygame.display.update()        # 表示の更新
    # イベント処理
    for event in pygame.event.get():
        # ウィンドウの閉じるボタンを押したとき
        if event.type == QUIT:
            pygame.quit()
            sys.exit()
        # キーを押したとき
        if event.type == KEYDOWN:
```

```
        # ESCキーなら終了
        if event.key == K_ESCAPE:
            pygame.quit()
            sys.exit()

    pygame.time.delay(100)        # 少し待つ
```

この一連のコードの機能を簡単に書き換えれば、次のようになります。

```
while (True):
    (表示の更新)
    (イベント処理)
    (少し待つ)
```

最初に、画面を更新します。

```
while (True):
    pygame.display.update()        # 表示の更新
```

これはこのプログラムの場合はウィンドウの中を描き換えていないのでこのコードをループの中に入れないで初期化の最後に行っても良いのですが、後のプログラムで頻繁に更新する必要があるのでここに入れておきます。

イベントループでは pygame.event.get() の中にある（複数の）イベントをそれぞれ処理します。

```
for event in pygame.event.get():
    # ウィンドウの閉じるボタンを押したとき
    if event.type == QUIT:
        pygame.quit()
        sys.exit()
    # キーを押したとき
    if event.type == KEYDOWN:
        # ESCキーなら終了
        if event.key == K_ESCAPE:
            pygame.quit()
            sys.exit()
```

　ユーザーがウィンドウのクローズボックスを押したときには event. type は QUIT になるので、pygame.quit() を呼び出して pygame の終了処理（正確には pygame が使用しているリソースを開放する処理）を行ってから sys.exit() を呼び出してプログラムを終了します（厳密にはインタープリタが終了する際にリソースが解放されるので pygame.quit() を呼び出す必要はありません）。

　ユーザーが Esc キーを押したときには event.type は KEYDOWN になるので、先ほどと同様にプログラムを終了します。

　少し待つ処理には pygame.time.delay() を使います。pygame.time. delay() は指定した時間だけプログラムを停止します（このプログラムを待たないで素早く実行し続けると、このプログラムが CPU を占有してしまって、他のプログラムやシステム全体がほとんど動作できなくなります）。

　ここでは 100 ミリ秒待つことにします。

```
        pygame.time.delay(100)          # 少し待つ
```

main() 全体は次のようになります。

```
def main():
    pygame.init()                        # pygameの初期化
    pygame.display.set_mode((400, 300))  # ウィンドウの設定
    surface = pygame.display.get_surface()
    surface.fill((220, 220, 220))        # 背景を薄いグレーにする

    while (True):
        pygame.display.update()          # 表示の更新
        # イベント処理
        for event in pygame.event.get():
            # ウィンドウの閉じるボタンを押したとき
            if event.type == QUIT:
                pygame.quit()
                sys.exit()
            # キーを押したとき
            if event.type == KEYDOWN:
```

```
            # ESCキーなら終了
            if event.key == K_ESCAPE:
                pygame.quit()
                sys.exit()

        pygame.time.delay(100)          # 少し待つ
```

そして、定義した関数 main() を呼び出しますが、これは次のような形式で呼び出すことになっています（これは定型として覚えましょう）。

```
if __name__ == "__main__":
    main()
```

ウィンドウを表示するアプリ pygamewnd 全体のコードは次のようになります。

リスト7.3 ● pygamewnd.py

```
# pygamewnd.py
# -*- coding:UTF-8 -*-
import sys
import pygame
from pygame.locals import QUIT, KEYDOWN, K_ESCAPE

def main():
    pygame.init()                      # pygameの初期化
    pygame.display.set_mode((400, 300)) # ウィンドウの設定
    surface = pygame.display.get_surface()
    surface.fill((220, 220, 220))      # 背景を薄いグレーにする

    while (True):
        pygame.display.update()        # 表示の更新
        # イベント処理
        for event in pygame.event.get():
            # ウィンドウの閉じるボタンを押したとき
            if event.type == QUIT:
                pygame.quit()
```

```
            sys.exit()
        # キーを押したとき
        if event.type == KEYDOWN:
            # ESCキーなら終了
            if event.key == K_ESCAPE:
                pygame.quit()
                sys.exit()

        pygame.time.delay(100)          # 少し待つ

if __name__ == "__main__":
    main()
```

これを実行すると何もないウィンドウが表示されます。

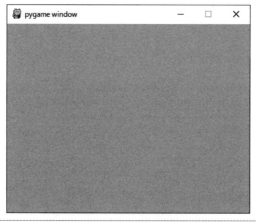

図7.6●pygamewnd.pyを実行した結果

7.4 マウス

　キーボードのキーの押し下げと同様に、マウスのクリックもイベントとして表されます。

【 マウスクリックを検出する 】

　PyGame を使って、ウィンドウでのマウスクリックを検出することができます。

　PyGame のマウスクリックは MOUSEBUTTONDOWN イベントとして認識することができます。クリックされたときの位置は event.pos に入っています。

　マウスがクリックされた位置をプログラムの中で保存するには、event.type が MOUSEBUTTONDOWN であるときに、event.pos の値をリストに追加します。

```
mousepos = []    # マウスの座標を保存するためのリスト

while (True):
    # イベント処理
    for event in pygame.event.get():
        # マウスをクリックしたとき
        if event.type == MOUSEBUTTONDOWN:
            # マウスがクリックされた
            mousepos.append(event.pos)    # マウスの座標をリストに保存する
```

　マウスがクリックされた位置に円を描くには、上に示したコードでマウスクリックイベントでマウスの座標を保存し、リストの中の位置にそれぞれ円を描きます。

```
    # クリックされた位置に円を描く
```

```
    for x, y in mousepos:
        pygame.draw.circle(surface, (0, 0, 0), (x, y), 5)
```

マウスがクリックされた位置に円を描くプログラム全体を次に示します。

リスト7.4 ● mouse.py

```
# mouse.py
# -*- coding:UTF-8 -*-
import sys
import pygame
from pygame.locals import QUIT, KEYDOWN, K_ESCAPE, MOUSEBUTTONDOWN

def main():
    pygame.init()                      # pygameの初期化
    pygame.display.set_mode((400, 300)) # 画面の設定
    pygame.display.set_caption("mouse")
    surface = pygame.display.get_surface()
    surface.fill((220, 220, 220))          # 背景を薄いグレーにする

    mousepos = []         # マウスの座標を保存するためのリスト

    while (True):
        # イベント処理
        for event in pygame.event.get():
            # 画面の閉じるボタンを押したとき
            if event.type == QUIT:
                pygame.quit()
                sys.exit()
            # キーを押したとき
            if event.type == KEYDOWN:
                # ESCキーなら終了
                if event.key == K_ESCAPE:
                    pygame.quit()
                    sys.exit()
            # マウスをクリックしたとき
            if event.type == MOUSEBUTTONDOWN:
```

```
                    #　マウスの座標をリストに保存する
                    mousepos.append(event.pos)

            # クリックされた位置に円を描く
            for x, y in mousepos:
                pygame.draw.circle(surface, (0, 0, 0), (x, y), 5)

            pygame.display.update()      # 表示の更新

            pygame.time.delay(100)       # 少し待つ

if __name__ == "__main__":
    main()
```

このプログラムを起動し、ウィンドウ中で 5 回クリックした例を次に示します。

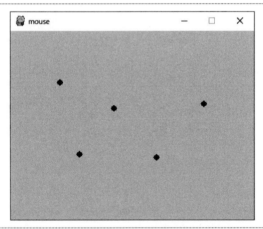

図7.7●ウィンドウ中で5回マウスボタンをクリックした様子

グラフィックス

ここでは、グラフィックスを扱う方法について説明します。

8.1 図形の描画

ここでは GUI のウィンドウの中に図形を描く方法を紹介します。

【 ウィンドウを作成する 】

　グラフィックスを描くためには、グラフィックスを描画するためのウィンドウが必要です。ここでは、7.3 節「ゲームウィンドウの作成」のプログラムを利用します。詳細についてはそちらを参照してください。

　図形を描くプログラムに取り掛かる前に、図形を描くためのウィンドウとグラフィックスの座標について知っておきましょう。

　Python のさまざまなモジュールのグラフィックスの描画面の基本的な座標の取り方は、左上を原点として、右に行くほど X 座標の値が増え、下に行くほど Y 座標の値が増える座標系です。

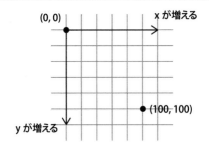

図8.1●グラフィックスの座標系

【 円を表示する 】

ここでは pygame モジュールを使って円を表示する方法を紹介します。
pygame モジュールの円を描くメソッド circle() の書式は次の通りです。

```
pygame.draw.circle(Surface, color, pos, radius, width=0)
```

Surface には円を描くサーフェスを指定します。color には描画する色
を指定します。これは (r, g, b) で指定すると簡単です。pos には描く円の
中心座標を表す Tuple を指定します。radius には円の半径を指定します。
width には線の太さを指定し、width=0 を指定すると円が塗り潰されます。

実際に図形を描くには、pygame をインポートしたり初期化する、サー
フェスを取得するなどの準備が必要です。さらに、描画した後で実際に表
示を更新するために pygame.display.update() を呼び出すことも必要
です。

次のプログラムは、2 個の円を描いて 5 秒間だけ表示する例です。

リスト8.1●drawcircle.py

```
# drawcircle.py
# -*- coding:UTF-8 -*-
import pygame

pygame.init()                          # pygameの初期化
pygame.display.set_mode((350, 200))    # 画面の設定
pygame.display.set_caption("drawcircle")
surface = pygame.display.get_surface()
surface.fill((220, 220, 220))          # 背景を薄いグレーにする
pygame.draw.circle(surface, (0, 0, 0), (80, 100), 50, 2)
pygame.draw.circle(surface, (0, 0, 0), (250, 100), 40, 3)
pygame.display.update()                # 表示を更新する

pygame.time.delay(5000)                # 5秒だけ待つ
pygame.quit()
```

これを実行すると次のように2個の円が描かれます。

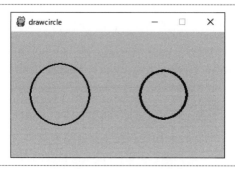

図8.2●drawcircle.pyの実行例

次のプログラムは、ウィンドウの中のクリックされた位置に円を描く例です。

リスト8.2●clickcircle.py

```
# clickcircle.py
# -*- coding:UTF-8 -*-

import sys
import pygame
from pygame.locals import QUIT, KEYDOWN, K_ESCAPE, MOUSEBUTTONDOWN

def main():
    pygame.init()                       # pygameの初期化
    pygame.display.set_mode((400, 300)) # 画面の設定
    pygame.display.set_caption("clickcircle")
    surface = pygame.display.get_surface()
    surface.fill((220, 220, 220))       # 背景を薄いグレーにする

    mousepos = []       # マウスの座標を保存するためのリスト

    while (True):
        # イベント処理
        for event in pygame.event.get():
```

```
                    # 画面の閉じるボタンを押したとき
                    if event.type == QUIT:
                        pygame.quit()
                        sys.exit()
                    # キーを押したとき
                    if event.type == KEYDOWN:
                        # ESCキーなら終了
                        if event.key == K_ESCAPE:
                            pygame.quit()
                            sys.exit()
                    # マウスをクリックしたとき
                    if event.type == MOUSEBUTTONDOWN:
                        #  マウスの座標をリストに保存する
                        mousepos.append(event.pos)

                # クリックされた位置に円を描く
                for x, y in mousepos:
                    pygame.draw.circle(surface, (0, 0, 0), (x, y), 10)

                pygame.display.update()        # 表示の更新

                pygame.time.delay(100)         # 少し待つ

    if __name__ == "__main__":
        main()
```

　このプログラムを実行してウィンドウの内部をクリックすると、クリックしたところに円が描かれます。

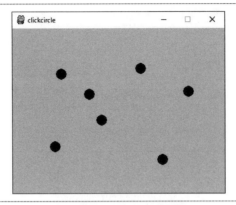

図8.3●clickcircle.pyの実行例

【 楕円を描く 】

楕円を描くときには pygame.draw.ellipse() を使います。書式は次の通りです。

```
pygame.draw.ellipse(Surface, color, Rect, width=0): return Rect
```

Surface には描画するサーフェスを指定します。color には描画する色を指定します。これは (r, g, b) で指定すると簡単です。Rect には楕円が内接する矩形を指定します。width には楕円の線の太さを指定します。width に 0 を設定すると、描写される楕円形の内部がすべて塗りつぶされます（width=0 のように引数に値が指定されているときには、その値がデフォルト値で省略可能です）。

次に例を示します。

```
# 楕円を描く（太さ2の線）
pygame.draw.ellipse(surface, (0, 0, 0), (60, 40, 80, 40), 2)
# 楕円を描く（塗りつぶし）
pygame.draw.ellipse(surface, (0, 0, 0), (150, 40, 80, 40))
```

　実際に図形を描くには、pygame をインポートしたり初期化する、サーフェスを取得するなどの準備が必要です。さらに、描画した後で実際に表示を更新するために pygame.display.update() を呼び出すことも必要です。

　次のプログラムは、2 個の楕円を描いて 5 秒間だけ表示する例です。

リスト8.3●drawellipse.py

```
# drawellipse.py
# -*- coding:UTF-8 -*-
import pygame

pygame.init()                          # pygameの初期化
pygame.display.set_mode((300, 150))    # 画面の設定
surface = pygame.display.get_surface()
pygame.display.set_caption("drawellipse")
surface.fill((220, 220, 220))          # 背景を薄いグレーにする
pygame.draw.ellipse(surface, (0, 0, 0), (70, 50, 80, 40), 2)
pygame.draw.ellipse(surface, (0, 0, 0), (180, 50, 80, 50))
pygame.display.update()                # 表示を更新する

pygame.time.delay(5000)                # 5秒だけ待つ
pygame.quit()
```

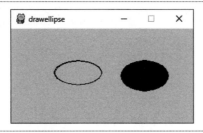

図8.4●drawellipse.pyの実行例

【 円弧を描く 】

円または楕円の孤を描くときには pygame.draw.arc() を使います。書式は次の通りです。

```
pygame.draw.arc(Surface, color, Rect,
                start_angle, stop_angle, width=1)
```

Surface には描画するサーフェスを指定します。color には描画する色を指定します。これは (r, g, b) で指定すると簡単です。Rect には楕円が内接する矩形を指定します。

start_angle には円弧の開始点の角度を、stop_angle には終始点の角度をラジアン値で指定します。楕円の右端は 0、上端が 3.14/2、左端が 3.14、下端は 2 × 3.14 です。

width には楕円の線の太さを指定します。width に 0 を設定すると、描写される楕円形の内部がすべて塗りつぶされます。

次に例を示します。

```
# 円弧を描く
pygame.draw.arc(surface, (0, 0, 0), (250, 40, 80, 40), 0.0, 3.14, 2)
```

次のプログラムは、2 個の円弧を描いて 5 秒間だけ表示する例です。

リスト8.4 ●drawarc.py

```
# drawarc.py
# -*- coding:UTF-8 -*-
import pygame

pygame.init()                              # pygameの初期化
pygame.display.set_mode((200, 120))        # 画面の設定
surface = pygame.display.get_surface()
pygame.display.set_caption("drawarc")
surface.fill((220, 220, 220))              # 背景を薄いグレーにする
```

```
# 円弧を描く
pygame.draw.arc(surface, (0, 0, 0), (30, 40, 80, 50), 0.0, 3.14, 2)
pygame.draw.arc(surface, (0, 0, 0), (130, 40, 80, 60), 3.14/2.0,
                                                        3.14*3/2, 2)

pygame.display.update()            # 表示を更新する

pygame.time.delay(5000)            # 5秒だけ待つ
pygame.quit()
```

図8.5●drawarc.pyの実行例

【 線を描く 】

線を描くときには pygame.draw.line() を使います。書式は次の通り
です。

```
pygame.draw.line(Surface, color, start_pos, end_pos, width=1)
```

Surface には描画するサーフェスを指定します。color には描画する色
を指定します。これは (r, g, b) で指定すると簡単です。start_pos には線
の始点を指定します。end_pos には線の終点を指定します。width には楕
円の線の太さを指定します。

次に例を示します。

```
pygame.draw.line(surface, (0, 0, 0), (10, 100), (350, 100), 2)
```

　実際に図形を描くには、pygame をインポートしたり初期化する、サーフェスを取得するなどの準備が必要です。さらに、描画した後で実際に表示を更新するために pygame.display.update() を呼び出すことも必要です。

　次のプログラムは、2本の線を描いて5秒間だけ表示する例です。

リスト8.5●drawline.py

```
# drawline.py
# -*- coding:UTF-8 -*-
import pygame

pygame.init()                             # pygameの初期化
pygame.display.set_mode((300, 150))       # 画面の設定
surface = pygame.display.get_surface()
pygame.display.set_caption("drawline")
surface.fill((220, 220, 220))             # 背景を薄いグレーにする

# 線を描く
pygame.draw.line(surface, (0, 0, 0), (10, 40), (250, 40), 2)
pygame.draw.line(surface, (0, 0, 0), (10, 50), (180, 130), 2)

pygame.display.update()                   # 表示を更新する

pygame.time.delay(5000)                   # 5秒だけ待つ
pygame.quit()
```

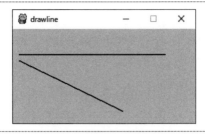

図8.6●drawline.pyの実行例

【 多角形を描く 】

多角形（ポリゴン）を描くときには pygame.draw.polygon() を使います。書式は次の通りです。

```
pygame.draw.polygon(Surface, color, pointlist, width=0)
```

Surface には描画するサーフェスを指定します。color には描画する色を指定します。これは (r, g, b) で指定すると簡単です。pointlist には多角形の頂点の座標ペアを表す Tuple のリストを指定します。width には楕円の線の太さを指定します。width に 0 を設定すると、描写される楕円形の内部がすべて塗りつぶされます。

次に例を示します。

```
pos = ((10, 150), (100, 130), (350, 170), (280, 180), (250, 170),
                                                    (180, 210))
pygame.draw.polygon(surface, (0, 0, 0), pos, 2)
```

実際に図形を描くには、pygame をインポートしたり初期化する、サーフェスを取得するなどの準備が必要です。さらに、描画した後で実際に表示を更新するために pygame.display.update() を呼び出すことも必要です。

次のプログラムは、ポリゴンの座標を pos に保存してからポリゴンを描いて 5 秒間だけ表示する例です。

リスト8.6●drawpolygon.py

```
# drawpolygon.py
# -*- coding:UTF-8 -*-
import pygame

pygame.init()                           # pygameの初期化
pygame.display.set_mode((350, 150))     # 画面の設定
surface = pygame.display.get_surface()
```

```
pygame.display.set_caption("drawpolygon")
surface.fill((220, 220, 220))              # 背景を薄いグレーにする

# ポリゴンの座標
pos = ((10, 50), (100, 30), (340, 70), (280, 80), (250, 70),
                                              (180, 110))
# ポリゴンを描く
pygame.draw.polygon(surface, (0, 0, 0), pos, 2)

pygame.display.update()                    # 表示を更新する

pygame.time.delay(5000)                    # 5秒だけ待つ
pygame.quit()
```

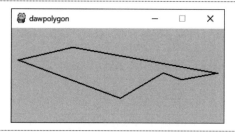

図8.7●drawpolygon.pyの実行例

【 文字列を表示する 】

文字列をグラフィックスとして pygame のウィンドウの内部に表示するときには、まず pygame.font.SysFont() を呼び出してフォントを作成します。書式は次の通りです。

```
pygame.font.SysFont(name, size, bold=False, italic=False)
```

name にはフォント名を指定します。pygame.font.get_fonts() を呼

び出すと、使用できるすべてのフォント名のリストを取得することができます。

　複数のフォントをまとめて検索したい場合には、探したいフォント名をコンマで区切った list で引数 name に指定します。指定したシステムフォントが見つからない場合は、代わりにデフォルトの pygame フォントが読み込まれます。size にはフォントのサイズをポイント単位で指定します。bold を true にすると太字で、italic を true にすると斜体で文字が描かれます。

　36 ポイントのデフォルトのフォントを指定する例を次に示します。

```
sysfont = pygame.font.SysFont(None, 36)
```

　次に文字列描画用の新しい Surface に文字を描写します（作成した文字の画像がある Surface を後で実際に表示する Surface にコピーして文字列を描画します。後述）。Font.render() の書式は次の通りです。

```
Font.render(text, antialias, color, background=None): return Surface
```

　text には文字列を指定します。改行文字は使えません。引数 antialias には True か False を指定します。True を設定すると文字の角部分が（それなりに）滑らかに描写されます。color には描画する色を指定します。background には文字の背景色を指定します。これらは (r, g, b) で指定すると簡単です。background を指定しない場合、文字の背景は透明になります。

　次に例を示します。

```
message = sysfont.render("hello, pygame!", True, (0, 0, 0))
```

　次に message.get_rect() を呼び出して文字列を囲む矩形を取得します。この値は後で文字列のサーフェスから実際に表示されるサーフェスにコピーするために使います。

```
message_rect = message.get_rect()
```

　また、`message_rect` の中心座標を指定します。この値も後で文字列の
サーフェスから実際に表示されるサーフェスにコピーするために使います。

```
message_rect.center = (200, 250)
```

　最後に `surface.blit()` を呼び出して、文字列のサーフェスから実際に
表示されるサーフェスにコピーします。

```
surface.blit(message, message_rect)
```

　文字列を描画するための一連のコードは次のようになります。

```
# 文字列を表示する
sysfont = pygame.font.SysFont(None, 36)
message = sysfont.render("hello, pygame!", True, (0, 0, 0))
message_rect = message.get_rect()
message_rect.center = (200, 250)
surface.blit(message, message_rect)
```

　フォントを指定したいときには、たとえば次のようにします。

```
sysfont = pygame.font.SysFont("Courier", 36)  #フォントをCourier にする
```

　これらのコードを実行して文字列を描画すると次のような文字列が表示さ
れます。
　実際に図形を描くには、pygame をインポートしたり初期化する、サー
フェスを取得するなどの準備が必要です。さらに、描画した後で実際に表
示を更新するために `pygame.display.update()` を呼び出すことも必要
です。
　次のプログラムは、2 個の文字列を異なるフォントで描いて 5 秒間だけ表
示する例です。

リスト8.7●drawstrings.py

```
# drawstrings.py
# -*- coding:UTF-8 -*-
import pygame

pygame.init()                             # pygameの初期化
pygame.display.set_mode((400, 140))       # 画面の設定
surface = pygame.display.get_surface()
pygame.display.set_caption("drawstrings")
surface.fill((220, 220, 220))             # 背景を薄いグレーにする

# 文字列を表示する
sysfont = pygame.font.SysFont(None, 36)
message = sysfont.render("hello, python!", True, (0, 0, 0))
message_rect = message.get_rect()
message_rect.center = (200, 30)
surface.blit(message, message_rect)
# フォントを指定して文字列を表示する
sysfont = pygame.font.SysFont("Courier", 36)
message = sysfont.render("hello, pygame!", True, (0, 0, 0))
message_rect = message.get_rect()
message_rect.center = (200, 80)
surface.blit(message, message_rect)

pygame.display.update()                   # 表示を更新する

pygame.time.delay(5000)                   # 5秒だけ待つ
pygame.quit()
```

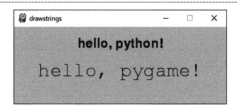

図8.8●drawstrings.pyの実行例

8.2 イメージの表示

　ここでは、pygame モジュールを使って、ゲームで使うイメージを表示する方法を説明します。

【 単純なイメージを表示する 】

　イメージをファイルから読み込むときには、pygame.image.load() を使います。書式は次の通りです。

```
pygame.image.load(filename)
```

　filename には読み込むファイル名を指定します。Pygame のバージョンによって違いますが、画像読み込みを完全にサポートしている場合は、以下の形式のファイルを読み込むことができます。

　　JPG、PNG、GIF、BMP、PCX、TGA、TIF、LBM（PBM）、PBM（PGM、PPM）、XPM
　　（アニメーション GIF は未サポート、TGA は非圧縮形式に限る）

　ファイルが読み込まれると Surface が返されます。イメージを表示するときには、返されたサーフェスを surface.blit() を使って表示したいサーフェスにコピーします。
　たとえば次のようにします。

```
# イメージをロードする
dog = pygame.image.load('sample.jpg')

# イメージをサーフェスにコピーする
surface.blit(dog, (50, 10))
```

実行可能なプログラム全体は次のようになります。

リスト8.8●dispimage.py

```python
# dispimage.py
# -*- coding:UTF-8 -*-
import sys
import pygame
from pygame.locals import QUIT, KEYDOWN, K_ESCAPE

def main():
    pygame.init()                              # pygameの初期化
    pygame.display.set_mode((400, 300))        # 画面の設定
    pygame.display.set_caption("dispimage")
    surface = pygame.display.get_surface()
    surface.fill((220, 220, 220))              # 背景を薄いグレーにする

    dog = pygame.image.load('sample.jpg')      # イメージをロードする

    while (True):
        # イメージをサーフェスにコピーする
        surface.blit(dog, (50, 10))

        pygame.display.update()                # 表示の更新
        # イベント処理
        for event in pygame.event.get():
            # 画面の閉じるボタンを押したとき
            if event.type == QUIT:
                pygame.quit()
                sys.exit()
            # キーを押したとき
            if event.type == KEYDOWN:
                # ESCキーなら終了
                if event.key == K_ESCAPE:
                    pygame.quit()
                    sys.exit()

        pygame.time.delay(100)                 # 少し待つ
```

```
if __name__ == "__main__":
    main()
```

このプログラムの実行例を次に示します。

図8.9●dispimage.pyの実行例

【 複数のイメージを表示する 】

　複数のイメージをファイルから読み込んで表示するときには、pygame.image.load() を使ってロードしたイメージをリストに保存して使うと便利です。

```
images = []       # イメージを保存するリスト

for i in range(0, 8):
    fname = "image%d.png" % i
    sf = pygame.image.load(fname)    # イメージをロードする
    images.append(sf)                # リストにイメージを保存する
```

　複数のイメージを表示するときには、for ループで surface.blit() を呼び出して表示するサーフェスにイメージをコピーします。

たとえば次のようにします。

```
# イメージをサーフェスにコピーする
for img in images:
    surface.blit(img, (x, y))
```

実行可能なプログラム全体は次のようになります。

リスト8.9●images.py

```
# images.py
# -*- coding:UTF-8 -*-
import sys
import pygame
from pygame.locals import QUIT, KEYDOWN, K_ESCAPE

def main():
    pygame.init()                         # pygameの初期化
    pygame.display.set_mode((300, 200))   # 画面の設定
    pygame.display.set_caption("images")
    surface = pygame.display.get_surface()
    surface.fill((220, 220, 220))         # 背景を薄いグレーにする

    images = []                           # イメージを保存するリスト

    for i in range(0, 8):
        fname = "image%d.png" % i
        sf = pygame.image.load(fname)     # イメージをロードする
        images.append(sf)

    while (True):
        x = 20; y = 20
        # イメージをサーフェスにコピーする
        for img in images:
            surface.blit(img, (x, y))
            x += 60
            if x > 240:
```

```
            x = 20; y = 80

        pygame.display.update()              # 表示の更新
        # イベント処理
        for event in pygame.event.get():
            # 画面の閉じるボタンを押したとき
            if event.type == QUIT:
                pygame.quit()
                sys.exit()
            # キーを押したとき
            if event.type == KEYDOWN:
                # ESCキーなら終了
                if event.key == K_ESCAPE:
                    pygame.quit()
                    sys.exit()

        pygame.time.delay(100)               # 少し待つ

if __name__ == "__main__":
    main()
```

このプログラムの実行例を次に示します。

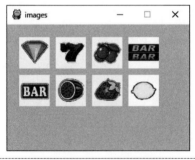

図8.10●imagesの実行結果

グラフ

ここでは GUI アプリでグラフを描く方法
を示します。

9.1 グラフの描画

データをグラフにするときには、matplotlib ライブラリを使うことができます。

【 折れ線グラフを描く 】

折れ線グラフを出力するには、matplotlib.pyplot.plot() を使います。

このとき、グラフのデータは numpy モジュールの array にそれぞれ保存します。そして matplotlib.pyplot.plot() を呼び出してグラフを描いた後で、matplotlib.pyplot.show() を呼び出して表示します。

```python
import matplotlib.pyplot
import numpy

# 折れ線グラフを出力
left = numpy.array([2000, 2010, 2020, 2030, 2040])
height = numpy.array([21100, 20300, 22200, 22500, 24600])
matplotlib.pyplot.plot(left, height, linewidth=4, color="navy")

# グラフを表示する
matplotlib.pyplot.show()
```

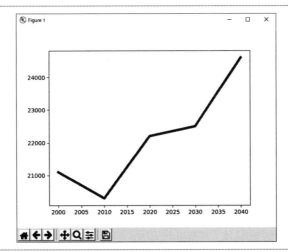

図9.1●折れ線グラフの例

　一般的には、インポートするモジュールに次のようにして短い名前を付け、プログラムの中ではその名前を使います。

```
import matplotlib.pyplot as plt
import numpy as np

# 折れ線グラフを出力
left = np.array([2000, 2010, 2020, 2030, 2040])
height = np.array([21100, 20300, 22200, 22500, 24600])
plt.plot(left, height, linewidth=4, color="navy")

# グラフを表示する
plt.show()
```

　折れ線グラフのタイトルやラベルは次のようにして表示します。

```
plt.title("bar graph sample")
plt.xlabel("Year")
plt.ylabel("Population")
```

このとき、日本語を使いたいなら次のようにして日本語フォントを指定する必要があります。

```
# 全体のフォントをMalgun Gothicにする。
plt.rcParams['font.family'] = 'Malgun Gothic'
# 全体のフォントサイズを設定。
plt.rcParams['font.size'] = 14
# 横軸(x軸)のフォントサイズ。
plt.rcParams['xtick.labelsize'] = 8
# 縦軸(y軸)のフォントサイズ。
plt.rcParams['ytick.labelsize'] = 8

plt.title("折れ線グラフのサンプル")
plt.xlabel("年度")
plt.ylabel("人口")
plt.grid(True)
```

上の例では、プログラムを実行する環境に「Malgun Gothic」という日本語対応のフォントがあるものと仮定しています。

matplotlib で使用できるフォントは次のプログラムで調べることができます。

リスト9.1 ● getfonts.py

```
# getfonts.py
import matplotlib.font_manager as fm

# フォント一覧を取得する
fonts = fm.findSystemFonts()
# フォントの名前を取得して50個表示する
print([fm.FontProperties(fname=font).get_name()
                              for font in fonts[:50]])
```

折れ線グラフにグリッドを表示したいときには次のようにします。

```
plt.grid(True)
```

　日本語のタイトルやラベル、グリッドを表示する折れ線グラフのプログラム全体を次に示します。

リスト9.2●plotline.py

```
# plotline.py
import matplotlib.pyplot as plt
import numpy as np

# 全体のフォントをMalgun Gothicにする。
plt.rcParams['font.family'] = 'Malgun Gothic'
# 全体のフォントサイズを設定。
plt.rcParams['font.size'] = 14
# 横軸(x軸)のフォントサイズ。
plt.rcParams['xtick.labelsize'] = 8
# 縦軸(y軸)のフォントサイズ。
plt.rcParams['ytick.labelsize'] = 8

plt.title("折れ線グラフのサンプル")
plt.xlabel("年度")
plt.ylabel("人口")
plt.grid(True)

# 折れ線グラフを出力
left = np.array([2000, 2010, 2020, 2030, 2040])
height = np.array([21100, 20300, 22200, 22500, 24600])
plt.plot(left, height, linewidth=4, color="navy")

# グラフを表示する
plt.show()
```

　これを実行すると次のような折れ線グラフが表示されます。

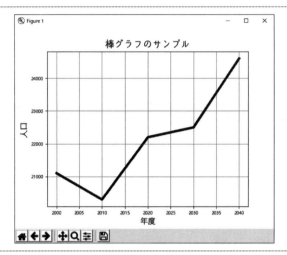

図9.2●plotline.py

線のスタイルは linestyle に指定することができます。

表9.1●linestyleの値

linestyle	意味
solid	実線（デフォルト）
dashed	破線
dashdot	一点鎖線
dotted	点線

　また、marker にマーカーを指定することができます。たとえば、'o' を指定すると circle（丸印）のマーカーを出力することができます。

```
plt.plot(left, height, marker="o")
```

　's' を指定すると square（四角）のマーカーを、'+' を指定すると plus（+記号）のマーカーを出力することができます。
　線のスタイルやマーカーを変えた折れ線グラフを描くプログラムを次に示します。

リスト9.3 ● plotline1.py

```python
# plotline1.py
import matplotlib.pyplot as plt
import numpy as np

plt.title("Number of sales")
plt.xlabel("Year")
plt.grid(True)

# 折れ線グラフを出力
left = np.array([2000, 2010, 2020, 2030, 2040])
height = np.array([1120, 1210, 1180, 1325, 1860])
plt.plot(left, height, linewidth=4, color="navy", marker="o",
                                    linestyle='dashdot')

height = np.array([1080, 1250, 1680, 2020, 2460])
plt.plot(left, height, linewidth=4, color="navy", marker="o",
                                    linestyle='dotted')

height = np.array([980, 1001, 1022, 1056, 860])
plt.plot(left, height, linewidth=4, color="navy", marker="o",
                                    linestyle='dashed')

# グラフを表示する
plt.show()
```

このプログラムを実行すると、次のように表示されます。

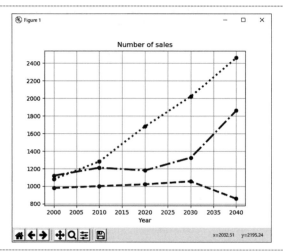

図9.3●plotline1.pyの実行結果

【 棒グラフを描く 】

matplotlibには、棒グラフを描画するメソッドとして、matplotlib. pyplot.bar()が用意されています。

matplotlib.pyplot.bar()の書式は次の通りです。

```
bar(x, height, width=0.8, bottom=None, *, align='center',
    data=None, **kwargs)
```

matplotlib.pyplot.bar()の引数xには各棒のX軸上の値を指定します。heightには各棒の高さを指定します。widthには棒の太さを指定します。bottomには後で説明する積み上げ棒グラフを描くときの底辺の高さを指定します。

次に、`matplotlib.pyplot.bar()` の主要な引数を指定する例を示します。

```
x = np.array([2020, 2021, 2022, 2023, 2024])
height = np.array([1120, 1210, 1180, 1325, 1860])
plt.bar(x, height, width=0.8, color="navy")
```

棒グラフを描くプログラムの例を次に示します。

リスト9.4 plotbar.py

```
# plotbar.py
import matplotlib.pyplot as plt
import numpy as np

plt.title("Number of sales")
plt.xlabel("Year")

# 棒グラフを出力
x = np.array([2020, 2021, 2022, 2023, 2024])
height = np.array([1120, 1210, 1180, 1325, 1860])
plt.bar(x, height, width=0.8, color="navy")

# グラフを表示する
plt.show()
```

このプログラムを実行すると次のようなグラフが表示されます。

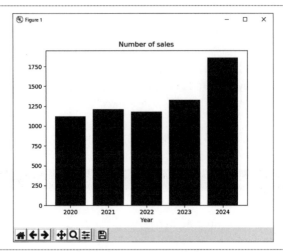

図9.4●lpotbar.pyの実行結果

　積み上げ棒グラフを描くときには、bottom に下側の余白を指定して棒を
重ねることで積み上げ棒グラフを描きます。

　次のプログラムは、2つの棒グラフを積み上げた棒グラフを出力する例
です。

リスト9.5●plotbar1.py

```python
# plotbar1.py
import matplotlib.pyplot as plt
import numpy as np

plt.title("Number of sales")
plt.xlabel("Year")

# 棒グラフを出力
x = np.array([2020, 2021, 2022, 2023, 2024])
height1 = np.array([1120, 1210, 1180, 1325, 1860])
plt.bar(x, height1, width=0.8, color="navy")
height2 = np.array([520, 580, 650, 660, 520])
plt.bar(x, height2, bottom=height1, width=0.8, color="lightblue")
```

```
# グラフを表示する
plt.show()
```

このプログラムを実行すると次のようなグラフが表示されます。

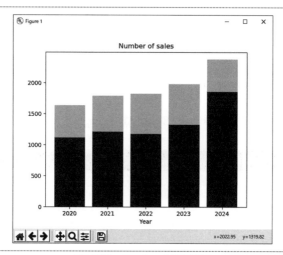

図9.5●lpotbar1.pyの実行結果

【 円グラフを描く 】

円グラフは `matplotlib.pyplot.pie()` を使って描くことができます。
`matplotlib.pyplot.pie()` の書式は次の通りです。

```
pie(x, explode=None, labels=None, colors=None, autopct=None,
    pctdistance=0.6, shadow=False, labeldistance=1.1,
    startangle=None, radius=None, counterclock=True,
    wedgeprops=None, textprops=None, center=(0, 0),
    frame=False, rotatelabels=False, *, data=None)
```

matplotlib.pyplot.pie() の引数 x には円グラフの各要素の値を指定します。counterclock に False を指定すると円グラフの要素が時計回りに描かれます。counterclock を指定しないか counterclock=True にすると、円グラフは反時計回りに描かれます。

matplotlib.pyplot.pie() の主要な引数を指定する例を次に示します。

```
label = ['Dogs', 'Cats', 'Rabbit', 'Hamster', 'Pigs']
data = np.array([100, 80, 55, 52, 10])

plt.pie(data, labels=label, startangle=90, counterclock=False)
```

円グラフを描くプログラムを次に示します。

リスト9.6 piechart0.py

```
# piechart0.py
import numpy as np
import matplotlib.pyplot as plt

label = ['Dogs', 'Cats', 'Rabbit', 'Hamster', 'Pigs']
data = np.array([100, 80, 55, 52, 10])

plt.pie(data, labels=label, startangle=90, counterclock=False)
plt.axis('equal')    # 縦横を同じ比率にする

plt.show()
```

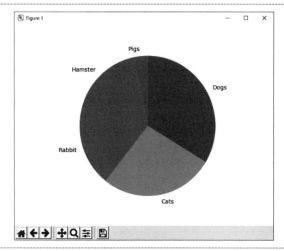

図9.6●piechart0.pyの実行結果

matplotlib.pyplot.subplots() を使って円グラフを描くこともでき
ます。

```
fig1, ax1 = plt.subplots()
ax1.pie(sizes, labels=labels, autopct='%1.1f%%', shadow=True,
                                            startangle=90)
```

サブプロットで単純な反時計回りの円グラフを描くプログラムを次に示し
ます。

リスト9.7●piechart.py

```
# piechart.py
import matplotlib.pyplot as plt

# Pie chart, where the slices will be ordered and
#                               plotted counter-clockwise:
labels = 'Dogs', 'Cats', 'Rabbit', 'Hamster'
data = [40, 20, 25, 15]
```

```python
fig1, ax1 = plt.subplots()
ax1.pie(data, labels=labels, autopct='%1.1f%%', shadow=True,
                                        startangle=90)
ax1.axis('equal')   # 縦横を同じ比率にする

plt.show()
```

このプログラムの実行結果を次に示します。

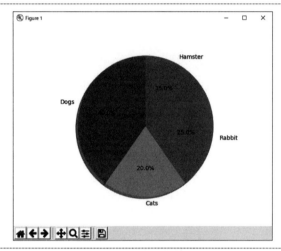

図9.7●piechart.pyの実行結果

次のプログラムは、引数 explode に 2 番目の要素を指定して円グラフの
1 つのパイを切り離す例です。

リスト9.8●piechartj.py

```python
# piechartj.py
import matplotlib.pyplot as plt

# 全体のフォントをMalgun Gothicにする。
plt.rcParams['font.family'] = 'Malgun Gothic'
# 全体のフォントサイズを設定。
```

```
plt.rcParams['font.size'] = 14

# 円グラフを描く
labels = '櫻', 'なし', 'りんご', '梅'
data = [18, 27, 40, 15]
explode = (0, 0.1, 0, 0)   # 「なし」だけを切り離す

fig1, ax1 = plt.subplots()
plt.title("円グラフのサンプル")
ax1.pie(data, explode=explode, labels=labels, autopct='%1.1f%%',
shadow=True, startangle=90, counterclock=False)
ax1.axis('equal')   # 縦横を同じ比率にする

plt.show()
```

このプログラムの実行結果を次に示します。

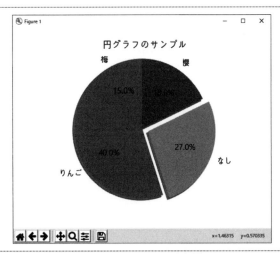

図9.8●piechartj.pyの実行結果

【 散布図を描く 】

matplotlib には、散布図を描画するメソッドとして、matplotlib. pyplot.scatter() が用意されています。

matplotlib.pyplot.scatter() の書式は次の通りです。

```
scatter(x, y, s=20, c=None, marker='o', cmap=None, norm=None,
        vmin=None, vmax=None, alpha=None, linewidths=None,
        verts=None, edgecolors=None, hold=None, data=None,
        **kwargs)
```

引数 x と y にはグラフに出力するデータを指定します。vmin と vmax には正規化時の最大値と最小値を指定します。指定しない場合、この値はデータの最大値と最小値になります。

次のプログラムは、numpy.array に保存したデータで散布図を描く例です。

リスト9.9●scatter.py

```
# scatter.py
import numpy as np
import matplotlib.pyplot as plt

# データ
x = np.array([32, 24, 36, 32, 48, 33, 38, 55, 60, 73, 82, 89, 89])
y = np.array([30, 18, 27, 48, 56, 30, 41, 50, 65, 70, 78, 92, 88])

# 散布図を描画
plt.scatter(x, y)

plt.show()
```

このプログラムの実行結果を次に示します。

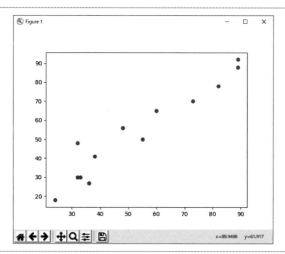

図9.9●scatter.pyの実行結果

　次のプログラムは、ランダムな 100 個のデータと、グラフのタイトル、X軸、Y軸のラベルを表示する例です。numpy.random.rand() は 0.0 〜 1.0 の範囲の乱数を生成します。

リスト9.10●scatterrandom.py

```python
# scatterrandom.py
import numpy as np
import matplotlib.pyplot as plt

plt.title("Random Data")
plt.xlabel("x axis")
plt.ylabel("y axis")

# 乱数を生成
x = np.random.rand(100)
y = np.random.rand(100)
# 散布図を描画
plt.scatter(x, y)

plt.show()
```

このプログラムの実行例を次に示します。

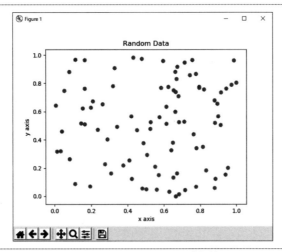

図9.10●scatterrandom.pyの実行結果

【 ヒストグラムを描く 】

matplotlibには、ヒストグラムを描画するメソッドとして、matplotlib.pyplot.histが用意されています。

matplotlib.pyplot.hist() の書式は次の通りです。

```
matplotlib.pyplot.hist(x, bins=10, range=None, normed=False,
    weights=None, cumulative=False, bottom=None, histtype='bar',
    align='mid', orientation='vertical', rwidth=None, log=False,
    color=None, label=None, stacked=False, hold=None, data=None,
    **kwargs)
```

xにはヒストグラムを作成するためのデータの配列を指定します。binsには棒の数を指定します。

ヒストグラムを描くプログラムを次に示します。

リスト9.11●hist.py

```
# hist.py
import numpy as np
import matplotlib.pyplot as plt

# データ
x = np.array([3.2, 5.8, 3.6, 6.5, 4.8, 5.3, 6.2, 7.8, 8.6, 5.1,
    4.5, 3.6, 4.2, 5.6, 6.2, 7.6, 5.8, 6.8, 5.9, 5.2, 6.8,
    7.6, 5.5, 4.8, 6.6, 4.3, 5.7, 5.2, 6.6, 4.8, 5.8, 5.0])

#棒の数を16にしてヒストグラムを描く
plt.hist(x, bins=16)

plt.show()
```

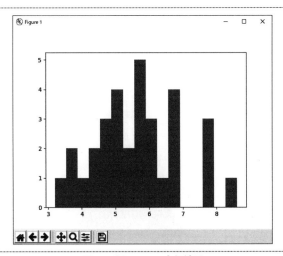

図9.11●hist.pyの実行結果

次のプログラムは、標準正規分布のデータを 1000 個作成してヒストグラムを描く例です。

リスト9.12●histrandom.py

```python
# histrandom.py
import numpy as np
import matplotlib.pyplot as plt

plt.title("Normal Random Data")
plt.xlabel("x axis")
plt.ylabel("y axis")

np.random.seed()
# 標準正規分布のデータを1000個作成する
x = np.random.normal(50, 10, 1000)
#棒の数を50にしてヒストグラムを描く
plt.hist(x, bins=50)

plt.show()
```

このプログラムの実行例を次に示します。

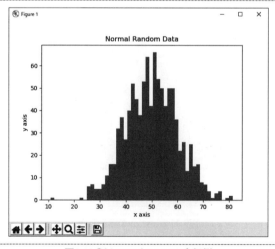

図9.12●histrandom.pyの実行例

10

マルチメディア

ここでは、サウンドやビデオなどについて説明します。

10.1 ビープ音

ビープ音は一般的には単純な通知に使われる音です。

【 ビープ音を鳴らす 】

Windows では、winsound というモジュールを使ってビープ音を鳴らすことができます。winsound.Beep() の書式は次の通りです。

```
winsound.Beep(freq, dur)
```

ここで freq は鳴らす音の周波数（Hz）、dur は継続時間（ミリ秒）です。

ある音の高さは、特定の周波数で表されます。たとえば、時報に使われる 440 Hz はラの音です。

winsound モジュールを使うためにはあらかじめ winsound をインポートしておきます。

```
import winsound
```

たとえば、次のようにすると 440 Hz の音（ラの音）を 1 秒間鳴らすことができます。

```
import winsound
winsound.Beep(440, 1000)
```

システムの状況によっては、音を鳴らしている途中で一瞬音が途切れることがあります。これはプログラムの問題ではなくシステムの問題です。なお、プログラムからは音量を指定できません。システムの音量の設定に十分に注意してください。

【 システムのサウンドを鳴らす 】

Linux などの UNIX 系 OS では、winsound モジュールを使うことはでき
ませんが、OS がサポートする play コマンドで音を鳴らすことができます
（play コマンドは OS のコマンドラインレベルで実行するプログラムです）。
　play コマンドは次の書式で使うことができます。

```
play -n synth dur sin freq
```

ここで freq は鳴らす音の周波数（Hz）、dur は継続時間（秒）です。
　たとえば、次のようにすると 440 Hz の音（ラの音）を 1 秒間鳴らすこと
ができます。

```
play -n synth 1 sin 440
```

 ディストリビューションやバージョンによっては、play コマンド
が用意されていない場合があります。コマンドプロンプトに対して
「play -n synth 1 sin 440」を実行して音が鳴らない場合は、
play コマンドをインストールして音が鳴るように設定してください。
また、プログラムからは音量を指定できませんので、システムの音量
の設定に十分に注意してください。

このコマンドを Python から使うときには次のようにします。

```
import os
os.system('play -n synth 1 sin 440')
```

実行例を次に示します。

```
>>> os.system('play -n synth 1 sin 440')

Encoding: n/a
```

```
   Channels: 1 @ 32-bit
Samplerate: 48000Hz
Replaygain: off
  Duration: unknown

In:0.00% 00:00:01.02 [00:00:00.00] Out:48.0k [         |       ] Hd:0.0
Clip:0
Done.
0
```

なお、上に示したように、この play コマンドは生成したサウンドに関す
るメッセージを出力します。

このメッセージを表示したくない場合は、出力及びエラー出力を /dev/
null にリダイレクトします。

```
os.system('play -n synth 1 sin 440 > /dev/null 2>&1')
```

再生する周波数を変数 frequency に保存した場合は次のようになり
ます。

```
os.system('play -n synth 1 sin %s > /dev/null 2>&1' % (frequency))
```

【 環境によって切り替える 】

すでに説明したように、Windows と Linux など UNIX 系の OS とでは、
音を鳴らす方法が異なります。

そのため、Python のプログラムを環境に依存しないようにするには、実
行時に環境を調べて適切なコードを実行するようにする必要があります。
Python の実行時に環境を調べるには、次のコードを使います。

```
platform.system()
```

この関数が文字列 'Windows' を返せば、実行環境は Windows です。そ

うでなければ UNIX 系 OS である可能性が高いといえます（たとえば Linux 上であるなら 'Linux' が返されるでしょう）。

そこで、次のようにしてインポートするモジュールを切り替えます。

```
import platform

if platform.system() == 'Windows':
    import winsound
else:
    import os
```

周波数 freq の音を 1 秒鳴らすコードも次のようにすれば環境に応じて切り替えることができます。

```
if platform.system() == 'Windows':
    winsound.Beep(freq, 1000)
else:
    os.system('play -n synth 1 sin %s > /dev/null 2>&1' % (freq))
```

10.2 サウンド

サウンドに関連するさまざまなことは、pygame や pyaudio というモジュールを使って行うことができます。

【 サウンドの情報を取得する 】

WAVE サウンドの情報を、wave モジュールを使って取得することができます。使用例を次に示します。

リスト10.1●waveinfo.py

```python
# waveinfo.py
# -*- coding:UTF-8 -*-
import wave

wf = wave.open("sample.wav", "rb")
print("ファイルの情報")
print("チャンネル数:", wf.getnchannels())
print("サンプル幅:", wf.getsampwidth())
print("サンプリング周波数:", wf.getframerate() )
print("フレーム数:", wf.getnframes() )
print("長さ（秒）:", float(wf.getnframes()) / wf.getframerate() )
```

【 WAVE サウンドを鳴らす 】

　pyaudio モジュールを使って WAVE サウンドを鳴らすことができます。

　PyAudio を使うためには、pyaudio.PyAudio() を呼び出して PyAudio を初期化します。そして、pyaudio.PyAudio.open() を使ってサウンドファイルを開きます。オーディオデータは pyaudio.Stream.read() を使って読み込むことができます。

　pyaudio を使って WAVE サウンドを鳴らす例を次に示します。

リスト10.2●pyaudioplay.py

```python
# pyaudioplay.py
# -*- coding:UTF-8 -*-
import wave
import pyaudio

wf = wave.open("sample.wav", "rb")

# ストリームを開く
p = pyaudio.PyAudio()
stream = p.open(format=p.get_format_from_width(wf.getsampwidth()),
```

```
        channels=wf.getnchannels(),
        rate=wf.getframerate(),
        output=True)

# チャンク単位でストリームに出力し音声を再生する
chunk = 1024
data = wf.readframes(chunk)
while len(data) > 0:
    stream.write(data)
    data = wf.readframes(chunk)

stream.stop_stream()
stream.close()
p.terminate()
```

　次のようにコールバック関数を定義して、バックグラウンドで演奏してい
るかのようにサウンドを鳴らすこともできます。

リスト10.3●pyaudioplaycb.py（コールバック使用版）

```
# pyaudioplaycb.py
# -*- coding:UTF-8 -*-
import pyaudio
import wave
import time

wf = wave.open("sample.wav", 'rb')

# PyAudioを初期化する
p = pyaudio.PyAudio()

# コールバック（callback）関数を定義する
def callback(in_data, frame_count, time_info, status):
    data = wf.readframes(frame_count)
    return (data, pyaudio.paContinue)

# コールバックを使ってストリームを開く
```

```
stream = p.open(format=p.get_format_from_width(wf.getsampwidth()),
        channels=wf.getnchannels(),
        rate=wf.getframerate(),
        output=True,
        stream_callback=callback)

# ストリームをスタートする
stream.start_stream()

# ストリームの終了まで待つ
while stream.is_active():
    time.sleep(0.1)
    # ここで再生と並行して他の作業を行っても良い

# ストリームを停止して終了する
stream.stop_stream()
stream.close()
wf.close()
p.terminate()
```

　これらの方法でサウンドを再生した場合、サウンドが鳴り終わってもプログラムがすぐに停止しないことがあります。

【 サウンドを鳴らす 】

　ここでは、主にゲームでサウンドを鳴らすために pygame というモジュールにある、サウンドに関するモジュールを使う方法を説明します。
　pygame.mixer.Sound は、ファイルやオブジェクト、バッファに保存したデータなどから Sound オブジェクトを作成します。
　最も典型的な使い方は、既存のサウンドファイルや音声ファイルから Sound オブジェクトを作成して再生する方法です。読み込めるサウンドファイルのデータ形式は、OGG ファイルか非圧縮形式の WAV ファイルです。
　pygame.mixer.Sound には次のようなメソッドが用意されています。

表10.1●pygame.mixer.Soundのメソッド

名前	機能
Sound.play()	音声の再生を開始する。
Sound.stop()	音声の再生を終了する。
Sound.fadeout()	再生中の音声をフェードアウトする。
Sound.set_volume()	音声を再生する音量を設定する（0〜1.0の値）。
Sound.get_volume()	音声の再生に使う音量を取得する（0〜1.0の値）。
Sound.get_num_channels()	音声が同時再生されている数を調べる。
Sound.get_length()	音声の再生時間を取得する。
Sound.get_buffer()	音声のサンプリングデータのバッファオブジェクトを取得する。

　pygame.mixer.Sound を使ってサウンドを再生するときには、次のようにして読み込んで再生します。

　最初に pygame モジュールをインポートします。

```
import pygame
```

　次に pygame を初期化します。

```
pygame.init()        # pygame初期化
```

　準備はこれでよさそうですが、環境によってはウィンドウを作らないと再生されないことがあります（特に Windows 環境では必ずウィンドウを作る必要があります）。そこで、次のようにウィンドウを作成します。

```
screen = pygame.display.set_mode((300, 200))
```

　そして pygame.mixer を初期化します。

```
pygame.mixer.init()     # mixerの初期化
```

　次に再生するファイルを設定します。

```
sound = pygame.mixer.Sound("gamesound.wav")   # サウンドを設定する
```

そして sound.play() を呼び出せばファイルを再生できます。

```
sound.play()
```

再生は非同期的に行われるので、sound.play() そのものはすぐにリターンします。インタープリタで実行中ならば鳴らしておけばよいのですが、スクリプトでプログラムが終了してしまうと再生も停止してしまいます。そこで、たとえば pygame.mixer.get_busy() で再生が行われているかどうかを調べて、行われていたらこのプログラムの実行を停止しておくようにすることで、ファイルを最後まで再生することができます。

```
# 鳴り終わるまで待つ
while pygame.mixer.get_busy():
    pygame.time.delay(100)
```

pygame.time.delay() は pygame で用意されている「少し待つ」ための関数です。

再生が終わったら、pygame.mixer と pygame のリソースを開放します(プログラムの実行を終了してしまう場合はリソースは自動的に解放されるので厳密には不要です)。

```
pygame.mixer.quit()

pygame.quit()
```

なお、上の例では play() の引数はすべて省略しましたが、play() の完全な書式は次の通りです。

```
Sound.play(loops=0, maxtime=0, fade_ms=0)
```

引数 loops を指定すると2回目以降の再生回数を指定できます。たとえば、3を指定した場合は1回目の再生後に3回再生が繰り返されるので、合計4回の再生が行われます。既定値は0で1回だけ再生します。引数

loops に -1 を指定すると、音声の再生を無限に繰り返します。この再生を
終了するには、stop() を実行します。

引数 maxtime には、音声の再生時間を指定することができます。

引数 fade_ms に値を指定すると、音量が 0 の状態で再生を開始し、指定
した時間までに少しずつ音量を上げていくようにすることができます。

この関数は、音声再生のために選ばれたチャンネルの Channel オブジェ
クトを戻り値として返します（通常はこの値は無視してかまいません）。

 この章のプログラムは再生する音量を調整していません。システムで
設定されている音量で音が鳴ります。プログラムを実行する前に必ず
ボリュームを小さい音で再生するように調整してください。

pygame.mixer.Sound を使ってサウンドを再生するプログラム全体は次
のようになります。

リスト10.4 ● playsound.py

```python
# playsound.py
# -*- coding:UTF-8 -*-
import pygame

pygame.init()          # pygame初期化

# Windows環境など環境によってはウィンドウを作らないと再生されない
screen = pygame.display.set_mode((300, 200))

pygame.mixer.init()      # mixerの初期化

sound = pygame.mixer.Sound("gamesound.wav")   # サウンドを設定する

print('Volume=', sound.get_volume())

sound.play()
```

```
# 鳴り終わるまで待つ
while pygame.mixer.get_busy():
    pygame.time.delay(100)

pygame.mixer.quit()

pygame.quit()
```

　Sound オブジェクトは、ファイル全体を読み込んで作成されるので、長い音楽の再生にはあまり適していません。長い音楽の再生には、次に説明する、ファイルを少しずつ読み込んで再生する（ストリーミング再生する）pygame.mixer.music サブモジュールが適しています。

【 ストリーミング再生する 】

　pygame.mixer.music はストリーミング再生を操作する pygame のモジュールです。

　pygame.mixer.music ではサウンドファイルをロードしながら再生します。読み込めるサウンドファイルのデータ形式は、OGG ファイルか非圧縮形式の WAV ファイル、または MP3 ファイルです。ただし、システムによっては特定の MP3 形式のファイルがサポートされていなくて、MP3 ファイルを再生しようとするとクラッシュすることがあります。

　pygame.mixer.music には次のようなメソッドが用意されています。

表10.2●pygame.mixer.musicのメソッド

名前	機能
pygame.mixer.music.load()	再生する音楽ファイルを読み込む。
pygame.mixer.music.play()	音楽のストリーミング再生を開始する。
pygame.mixer.music.rewind()	音楽を最初から再生する。
pygame.mixer.music.stop()	音楽の再生を終了する。
pygame.mixer.music.pause()	音楽の再生を一時停止する。
pygame.mixer.music.unpause()	停止した音楽を再開させる。
pygame.mixer.music.fadeout()	再生中の音楽の音をフェードアウトする。

名前	機能
pygame.mixer.music.set_volume()	音楽のボリュームを設定する。
pygame.mixer.music.get_volume()	音楽のボリュームを取得する。
pygame.mixer.music.get_busy()	音楽が再生中かどうかを確認する。
pygame.mixer.music.get_pos()	音楽の再生時間を取得する。
pygame.mixer.music.queue()	現在再生中の音楽が終了した後に再生されるように、音楽ファイルの再生準備をする。
pygame.mixer.music.set_endevent()	音楽の再生が終了した時に、指定したイベントを発生させる。
pygame.mixer.music.get_endevent()	音楽の再生が終了した時に、発生するイベントを取得する。

　pygame.mixer.music を使ってサウンドを再生するときには、次のようにしてサウンドをロードして再生します。pygame モジュールのインポートと pygame の初期化から pygame.mixer の初期化までは、前項「サウンドを鳴らす」の説明と同じ作業を行います。

```
import pygame
pygame.init()              # pygame初期化
screen = pygame.display.set_mode((300, 200))
pygame.mixer.init()        # mixerの初期化
```

次に、ロードするファイルを指定します。

```
pygame.mixer.music.load("gamesound.wav")
```

そして play() を呼び出します。

```
pygame.mixer.music.play()
```

これでファイルが 1 度だけ再生されます。
　play() の引数に -1 を指定すると、プログラムが終了するか pygame.mixer.music.stop() が呼び出されるまで繰り返し再生が行われます。

```
pygame.mixer.music.play(-1)
```

いずれにしても、再生は非同期的に行われるので、pygame.mixer.
music.play() そのものはすぐにリターンします。そこで、Sound.
play() の時と同じように、pygame.mixer.get_busy() で再生が行われ
ているかどうかを調べて、行われていたらこのプログラムの実行を停止して
おくようにすることで、ファイルを最後まで再生することができます。

```
# 鳴り終わるまで待つ
while pygame.mixer.music.get_busy():
    pygame.time.delay(100)
```

あるいは簡単に指定した時間（ミリ秒）だけプログラムを停止しておき、
その後に再生を止めます。

```
pygame.time.delay(5000)

pygame.mixer.music.stop()
```

pygame.mixer.music を使ってサウンド全体を再生するプログラム全体
は次のようになります。

リスト10.5 playmusic.py

```
# playmusic.py
# -*- coding:UTF-8 -*-
import pygame

pygame.init()          # pygame初期化

# Windows環境など環境によってはウィンドウを作らないと再生されない
screen = pygame.display.set_mode((300, 200))

pygame.mixer.init()      # mixerの初期化

pygame.mixer.music.load("gamesound.wav")
```

```
pygame.mixer.music.play()

# 鳴り終わるまで待つ
while pygame.mixer.music.get_busy():
    pygame.time.delay(100)

pygame.mixer.quit()

pygame.quit()
```

このプログラムを次のように変更すると、サウンドを5秒（5000ミリ秒）だけ再生するプログラムになります。

リスト10.6● playmusic5.py

```
# playmusic5.py
# -*- coding:UTF-8 -*-
import pygame

pygame.init()        # pygame初期化

# Windows環境など環境によってはウィンドウを作らないと再生されない
screen = pygame.display.set_mode((300, 200))

pygame.mixer.init()     # mixerの初期化

pygame.mixer.music.load("gamesound.wav")
pygame.mixer.music.play(-1)

pygame.time.delay(5000)

pygame.mixer.music.stop()

pygame.mixer.quit()

pygame.quit()
```

【 サウンドを録音する 】

PyAudio を使ってサウンドを録音することができます。

PyAudio を使って録音するには、pyaudio.PyAudio() で初期化した後で、PyAudio.open() でストリームを開き、stream.read() で入力を読み取ります。

次のプログラムは、サウンドを 10 秒間録音して WAVE ファイルに保存する例です。

リスト10.7 ● recorder.py

```python
# recorder.py
# -*- coding:UTF-8 -*-
import pyaudio
import wave

# 録音条件の設定
chunk = 1024
FORMAT = pyaudio.paInt16
CHANNELS = 1

#サンプリングレート
RATE = 44100

#録音時間
RECORD_SECONDS = 10   # 10秒

p = pyaudio.PyAudio()

stream = p.open(
    format = FORMAT,
    channels = CHANNELS,
    rate = RATE,
    input = True,
    frames_per_buffer = chunk
)
```

```
print('録音中')

# 録音する
alldata = []
for i in range(0, int(RATE / chunk * RECORD_SECONDS)):
    audiodata = stream.read(chunk)
    alldata.append(audiodata)

stream.close()
p.terminate()
print('録音しました。')

# リストをバイト列に変換する
data = b''.join(alldata)

#ファイルに保存する
out = wave.open('sample.wav','w')
out.setnchannels(1)
out.setsampwidth(2)
out.setframerate(RATE)
out.writeframes(data)
out.close()
```

10.3　ビデオ

Python でビデオを再生する方法はいくつかありますが、ここでは OpenCV を使って再生する方法を説明します。

【 ビデオを再生する 】

まず、OpenCV をインストールします。OpenCV は OS のコマンドプロン

プトから次のコマンドでインストールできます。

```
> python -m pip install opencv-python
```

ビデオのファイルを読み込むときには、cv2.VideoCapture() を使います。

```
cap = cv2.VideoCapture("sample.mp4")
```

そして、cap.read() でフレームを取得し、cv2.imshow() でフレームを表示することを動画の終了まで繰り返します。

```
while(cap.isOpened()):

    # フレームを取得する
    ret, frame = cap.read()

    # フレームを表示する
    cv2.imshow("Video Title", frame)
```

プログラム全体は次のようになります。

リスト10.8●playvideo.py

```
# playvideo.py
# -*- coding:UTF-8 -*-
import cv2

def main():

    # ビデオを読み込む
    cap = cv2.VideoCapture("sample.mp4")

    while(cap.isOpened()):     # 動画の終了まで繰り返す

# フレームを取得する
```

```
ret, frame = cap.read()

# フレームを表示する
cv2.imshow("Video Title", frame)

# [q]キーが押されたら終了する
if cv2.waitKey(1) & 0xFF == ord('q'):
    break

    cap.release()
    cv2.destroyAllWindows()

if __name__ == "__main__":
    main()
```

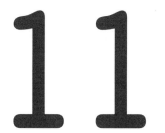

オフィスドキュメントの
操作

ここでは、Microsoft word や Excel など
のファイルを Python から利用する方法に
ついて説明します。

11.1 word のドキュメント

python で Microsoft word の docx ファイルにアクセスするためには、python-docx ライブラリを使います。

【 word のドキュメントを読み込む 】

docx ファイルにアクセスするための python-docx ライブラリには Document モジュールが含まれています。

単に docx ファイルにアクセスするだけであれば、Document モジュールから docx をインポートします。

```
from docx import Document
```

そして Document() を使って docx ドキュメントを開きます。

```
document = Document('sample.docx')
```

ドキュメント内の各パラグラフ（見出し等も含める）には document.paragraphs でアクセスできます。

次のプログラムは、サンプルドキュメント sample.docx を開いてその内容を出力する例です。

リスト11.1●readdocx.py

```
# readdocx.py
# -*- coding: utf-8 -*-
from docx import Document

document = Document('sample.docx')

for paragraph in document.paragraphs:
```

```
    print(paragraph.text)
```

　新しい文書を作るには、「document = Document()」で新しいドキュメントを作成して、要素を追加してゆきます。

　たとえば、ドキュメントを作成してヘッダーを追加するときには次のようにします。

```
# 新しいドキュメントを作成する
document = Document()
# ヘッダーを追加する
document.add_heading('Word文書の作成例', 0)
```

　見出しは Document.add_heading() で追加することができます。このとき、level に見出しレベルを指定することができます。

```
# 見出し
document.add_heading('見出しレベル1', level=1)
```

　パラグラフ（段落）は Document.add_paragraph() で追加することができます。

```
# 見出しとパラグラフ
document.add_heading('見出しレベル1', level=1)
document.add_paragraph('ここでは単純な文書を作ります。')
```

　パラグラフを追加する際にスタイルを指定することもできます。

```
# パラグラフを追加する（スタイルも指定）
p = document.add_paragraph('パラグラフの中の')
p.add_run('ボールド').bold = True
p.add_run('や')
p.add_run('イタリック').italic = True
p.add_run('の例')
```

```
#スタイルを引用にする
document.add_paragraph('吾輩は犬である。名はポチ。', style='Quote')
```

　パラグラフを追加するときに style に「List Bullet」や「List Number」を指定することで、「・」付きリストや番号付きリストを追加することもできます。

```
# リストを作成する
document.add_paragraph('アイデア', style='List Bullet')
document.add_paragraph('Microsoft Word', style='List Bullet')

# 番号付きリストを作成する
document.add_paragraph('ドキュメントを作る', style='List Number')
document.add_paragraph('装飾する', style='List Number')
document.add_paragraph('保存する', style='List Number')
```

　表を挿入するには、まず document.add_table() で表を作成し、そこに表の見出し行とデータを table.rows[0].cells で追加します。

```
# 表を挿入する
table = document.add_table(rows=1, cols=3)
hdr_cells = table.rows[0].cells
hdr_cells[0].text = '名前'
hdr_cells[1].text = '年齢'
hdr_cells[2].text = '役職'
records = (                              # 表のデータ
    ('椀子犬太', 34, '会長'),
    ('長崎洋子', 28, '会計'),
    ('犬丸洋治', 22, '')
)
for name, age, post in records:
    row_cells = table.add_row().cells
    row_cells[0].text = name
    row_cells[1].text = str(age)
    row_cells[2].text = post
```

　グラフィックスを挿入するには、Document.add_picture() を使います。

```
# グラフィックスを挿入する
document.add_picture('sample.png', width=Inches(1.25))
```

　改ページを挿入するときには document.add_page_break() を使います。

```
document.add_page_break()     # 改ページ
```

　ドキュメントができたら document.save() で文書を保存します。

```
document.save('created.docx')
```

　プログラム全体を次に示します。

リスト11.2 ● createdocx.py

```python
# createdocx.py
from docx import Document
from docx.shared import Inches

document = Document()

# ヘッダーを追加する
document.add_heading('Word文書の作成例', 0)

# パラグラフを追加する（スタイルも指定）
p = document.add_paragraph('パラグラフの中の')
p.add_run('ボールド').bold = True
p.add_run('や')
p.add_run('イタリック').italic = True
p.add_run('の例')

# 見出しとパラグラフ
```

```
document.add_heading('見出しレベル1', level=1)
document.add_paragraph('ここでは単純な文書を作ります。')
document.add_heading('見出しレベル2', level=2)
document.add_paragraph('美味しい文書を作るために必要なものは...')

# リストを作成する
document.add_paragraph('アイデア', style='List Bullet')
document.add_paragraph('Microsoft Word', style='List Bullet')

# グラフィックスを挿入する
document.add_picture('sample.png', width=Inches(1.25))

# 引用
document.add_paragraph('吾輩は犬である。名はポチ。', style='Quote')

# 表を挿入する
table = document.add_table(rows=1, cols=3)
hdr_cells = table.rows[0].cells
hdr_cells[0].text = '名前'
hdr_cells[1].text = '年齢'
hdr_cells[2].text = '役職'
records = (                          # 表のデータ
    ('椀子犬太', 34, '会長'),
    ('長崎洋子', 28, '会計'),
    ('犬丸洋治', 22, '')
)
for name, age, post in records:
    row_cells = table.add_row().cells
    row_cells[0].text = name
    row_cells[1].text = str(age)
    row_cells[2].text = post

# 番号付きリストを作成する
document.add_paragraph('ドキュメントを作る', style='List Number')
document.add_paragraph('装飾する', style='List Number')
document.add_paragraph('保存する', style='List Number')

document.add_page_break()      # 改ページ
```

```
document.save('created.docx')
```

上のプログラムを実行すると、次のような文書が作成されます。

Word 文書の作成例

パラグラフの中の**ボールド**や*イタリック*の例

見出しレベル1
ここでは単純な文書を作ります。

見出しレベル2
美味しい文書を作るために必要なものは…

- アイデア
- Microsoft Word

吾輩は犬である。名はポチ。

名前	年齢	役職
椀子犬太	34	会長
長崎洋子	28	会計
犬丸洋治	22	

1. ドキュメントを作る
2. 装飾する
3. 保存する

図11.1●createdocx,pyで作成したドキュメントの例

【 Word ドキュメントを変更する 】

　プログラムに読み込んだ Word ドキュメントは、`text.replace()` のようなメソッドを使って変更することができます。

　次のプログラムは、Word の docx ドキュメント sample.docx の中の文字列「美味しい」を「おいしい」に置換する例です。

リスト11.3●replacedocx.py

```python
# replacedocx.py
# -*- coding: utf-8 -*-

from docx import Document

document = Document('sample.docx')

# 各パラグラフの文字列を置換する
for paragraph in document.paragraphs:
    paragraph.text = paragraph.text.replace('美味しい','おいしい')

document.save("replaced.docx")
```

 挿入された目次は、目次を更新しないと変更されません。

11.2 Excel ファイル

Python のプログラムから Microsoft Excel のファイルにアクセスすることができます。

Python で Excel ファイル（xlsx、xls）を読み書きする方法には、主に次の2種類の方法があります。

- openpyxl モジュールを使う
- xlrd と xlwt モジュールを使う

なお、ここでは次のような「売り上げ」シートがあるブック sample.xlsx

があるものとして説明します。

	A	B	C
1	日付	売り上げ	
2	2020/2/1	124511	
3	2020/2/2	185655	
4	2020/2/3	236598	
5	2020/2/4	256987	
6	2020/2/5	526514	
7	2020/2/6	213654	
8	2020/2/7	236524	
9	合計	1780443	
10			
11			
12			

図11.2●sample.xlsx

【openpyxl で Excel ファイルにアクセスする】

openpyxl モジュールを使う場合には、xlrd モジュールをインポートして、load_workbook() でブックを開くことができます。

```
import openpyxl

# ブックを開く
wb = openpyxl.load_workbook('sample.xlsx')
```

ブック内のシートの名前は book.sheet_names() で取得することができます。

ブックにあるシート数と、シートの名前を出力するには次のようにします。

```
print('シート数:', len(wb.sheetnames) )
print('シートの名前')
```

ブックにある「売り上げ」シートの名前を出力するには次のようにします。

```
for name in wb.sheetnames:
    print(name)
# セルの値を出力する
sheet1=wb.get_sheet_by_name('売り上げ')
for col in sheet1.values:
    for cell in col:
print(cell)
```

プログラム全体は次のようになります。

リスト11.4 openxl.py

```
# openxl.py
# -*- coding: utf-8 -*-
import openpyxl

# ブックを開く
wb = openpyxl.load_workbook('sample.xlsx')

print('シート数:', len(wb.sheetnames) )
print('シートの名前')
for name in wb.sheetnames:
    print(name)
# セルの値を出力する
sheet1=wb.get_sheet_by_name('売り上げ')
for col in sheet1.values:
    for cell in col:
print(cell)
```

【 openpyxl で xslx ファイルに書き込む 】

openpyxl で xslx ファイルに書き込むときには、sheet.cell(row, column, value) でセルに値を指定して workbook.save() でファイルに保存します。

次のプログラムは、既存の xslx ファイル sample.xlsx に新しいシート「名

簿」のデータを保存する例です。

リスト11.5●createxlsx.py

```
# createxlsx.py
# -*- coding: utf-8 -*-
import openpyxl

# ブックを開く
wb = openpyxl.load_workbook('sample.xlsx')

# 空のシートを作成する
sheet = wb.create_sheet('名簿')

# データを書き込む
sheet.cell(row=1, column=1, value='名前')
sheet.cell(row=1, column=2, value='年齢')
sheet.cell(row=2, column=1, value='椀子犬太')
sheet.cell(row=2, column=2, value=18)
sheet.cell(row=3, column=1, value='山野海子')
sheet.cell(row=3, column=2, value=24)
sheet.cell(row=4, column=1, value='本田山羽')
sheet.cell(row=4, column=2, value=22)

# ファイルに書き込む
wb.save('created.xlsx')
```

このプログラムを実行すると、次のようなシートが作成されます。

	A	B	C
1	名前	年齢	
2	椀子犬太	18	
3	山野海子	24	
4	本田山羽	22	
5			
6			
7			
8			

図11.3●createxlsx.pyで作成されたシート

【 xlrd で Excel ファイルにアクセスする 】

xlrd モジュールを使う場合には、xlrd モジュールをインポートして、open_workbook() でブックを開くことができます。

```
import xlrd
book = xlrd.open_workbook()
```

ブック内のシート数は book.nsheets() で、シートの名前は book.sheet_names() で取得することができます。

次の例は、ブックにあるシート数と、すべてのシートの名前を出力します。

```
import xlrd
book = xlrd.open_workbook('sample.xlsx')
print('シート数:', book.nsheets)
print('シートの名前')
for name in book.sheet_names():
    print(name)
```

ブックの中のシートにアクセスする方法は 2 種類あります。

インデックスでシートにアクセスする場合は sheet_by_index(n)（n はシートのインデックスでゼロから始まる）で、シートの名前でアクセスする場合は sheet_by_name(name) を使います。

シートの列数は sheet.ncols で、行数は sheet.nrows で取得できます。セルの値は sheet.cell(row,col) で取得できます（row は列番号、col は行番号です）。

次の例は、ブックの中の最初のシートの行と列の内容を出力します。

```
import xlrd

book = xlrd.open_workbook('sample.xlsx')
sheet_1 = book.sheet_by_index(0)
print('列数:',sheet_1.ncols)
print('行数:',sheet_1.nrows)
```

```
for col in range(sheet_1.ncols):
    for row in range(sheet_1.nrows):
print(sheet_1.cell(row, col).value)
```

同じことをシートの名前で指定して実行する例を次に示します。

```
import xlrd

book = xlrd.open_workbook('sample.xlsx')
sheet_1 = book.sheet_by_name('売り上げ')
print('列数:',sheet_1.ncols)
print('行数:',sheet_1.nrows)
for col in range(sheet_1.ncols):
    for row in range(sheet_1.nrows):
print(sheet_1.cell(row, col).value)
```

【 xlwt で xls ファイルに書き込む 】

xls ファイルに書き込むときには、xlwt モジュールを使います。
最初に xlwt.Workbook() で Workbook オブジェクトを作成します。

```
# 新しいブックを作成する
wb = xlwt.Workbook()
```

次に add_sheet() メソッドでワークシートを追加します。

```
# 空のシートを作成する
sheet = wb.add_sheet('sheet1')
```

そして、Worksheet.write() を使ってセルに値を書き込みます。
write() の書式は次の通りです。

```
write(row, col, value)
```

row は行数、col は列数で、共にゼロから始めます。value は書き込む値です。

たとえば次のようにして一連のデータを書き込みます。

```
# データを書き込む
sheet.write(0, 0, '名前')
sheet.write(0, 1, '年齢')
sheet.write(1, 0, '椀子犬太')
sheet.write(1, 1, 18)
sheet.write(2, 0, '山野海子')
sheet.write(2, 1, 24)
sheet.write(3, 0, '本田山羽')
sheet.write(3, 1, 22)
```

最後にブック全体をファイルに書き込みます。

```
# ファイルに書き込む
wb.save('created.xls')
```

実行できるプログラム全体は次のようになります。

リスト11.6●createxls.py

```
# createxls.py
# -*- coding: utf-8 -*-
import xlwt

# 新しいブックを作成する
wb = xlwt.Workbook()

# 空のシートを作成する
sheet = wb.add_sheet('sheet1')

# データを書き込む
sheet.write(0, 0, '名前')
sheet.write(0, 1, '年齢')
sheet.write(1, 0, '椀子犬太')
```

```
sheet.write(1, 1, 18)
sheet.write(2, 0, '山野海子')
sheet.write(2, 1, 24)
sheet.write(3, 0, '本田山羽')
sheet.write(3, 1, 22)

# ファイルに書き込む
wb.save('created.xls')
```

▲	A	B	C
1	名前	年齢	
2	椀子犬太	18	
3	山野海子	24	
4	本田山羽	22	
5			
6			
7			
8			

図11.4●createxlsを実行して生成されたExcelファイル

現在 xlwt モジュールで書き込みがサポートされているのは xls ファイルへの書き込みだけです。

HTML/XML の操作

ここでは、WEB ページに使われる HTML
ドキュメントや XML ドキュメントを
Python から活用する方法について説明し
ます。

12.1 HTMLのドキュメント

python で HTML のドキュメントファイルにアクセスするためには、requests モジュールと Beautiful Soup モジュールを使います。

【 モジュールをインストールする 】

requests モジュールは次の pip コマンドでインストールすることができます。

```
> py -m pip install requests
```

Beautiful Soup モジュールも pip コマンドでインストールすることができます。次に示すのは、Windows で Beautiful Soup（beautifulsoup4）モジュールをインストールしたときの様子です。

```
C:¥PythonHB>py -m pip install beautifulsoup4
Collecting beautifulsoup4
  Downloading https://files.pythonhosted.org/packages/3b/c8/a55eb6ea1
1cd7e5ac4bacdf92bac4693b90d3ba79268be16527555e186f0
/beautifulsoup4-4.8.1-py3-none-any.whl (101kB)
|████████████████████████████████| 102kB 2.2MB/s
Collecting soupsieve>=1.2 (from beautifulsoup4)
  Downloading https://files.pythonhosted.org/packages/5d/42/d821581cf
568e9b7dfc5b415aa61952b0f5e3dede4f3cbd650e3a1082992
/soupsieve-1.9.4-py2.py3-none-any.whl
Installing collected packages: soupsieve, beautifulsoup4
Successfully installed beautifulsoup4-4.8.1 soupsieve-1.9.4

C:¥PythonHB>
```

インストールモジュールの名前は beautifulsoup4 ですが、Python のプ

ログラムにこのモジュールをインポートするときは bs4 という名称を使います。

```
import bs4
```

Beautiful Soup は、モジュールをインストールするときの名前とインポートするときの名前が異なるので注意してください。

【 HTML ドキュメントを読み込む 】

HTML ファイルにアクセスするためには、requests モジュールの関数 get() で取得したい Web ページの Response オブジェクトを取得します。

次に示すのは、Python のインタープリタで指定した HTML ページの内容を表示するコードの例です。

```
import requests
import bs4

res = requests.get('http://progcosmos.info/sample.html')
res.raise_for_status()
res.content
```

これで返される値（Python のインタープリタで実行するときに表示されるもの）は文字のバイト列です。

Python のインタープリタで実行するときには、decode() を使って文字のバイト列を UTF-8 の文字列に変換することで、目で見てわかるように出力することができます。

上の例の出力を UTF-8 の文字列に変換して表示する例を、次に示します。

```
import requests
import bs4
```

```
res = requests.get('http://progcosmos.info/sample.html')
res.raise_for_status()
res.content.decode("utf-8")  # UTF-8に変換する
```

次に示すのは、ページからタグを除去してテキストだけをすべて抽出する例です。

```
# getcontenttext.py
# -*- coding:UTF-8 -*-
import requests
import bs4

res = requests.get('http://progcosmos.info/sample.html')
res.raise_for_status()
soup = bs4.BeautifulSoup(res.content, "html.parser")
print(soup.get_text())
```

この場合は、get_text() の値は Unicode の文字列として返されるので、上のコードを Python のインタープリタで実行した場合には目で見てわかる文字列として表示されます。

 ファイルの文字コードを変換したい場合は、5.2 節「文字コードの変換」で説明している codecs モジュールを使うことができます。

【 要素を取り出す 】

BeautifulSoup オブジェクトから特定の要素を取得するには、要素名を指定します。

title 要素を取得する例を次に示します。

```
import requests
import bs4
```

```
res = requests.get('http://progcosmos.info/sample.html')
res.raise_for_status()
soup = bs4.BeautifulSoup(res.content, "html.parser")
print(soup.title)
```

BeautifulSoup.find() を使って要素を取り出すこともできます。

次に示すのは、Python のインタープリタで BeautifulSoup.find() を使って <title> タグを調べる例です。

```
>>> import requests
>>> import bs4
>>>
>>> res = requests.get('http://progcosmos.info/sample.html')
>>> res.raise_for_status()
>>> soup = bs4.BeautifulSoup(res.content, "html.parser")
>>> soup.find('title')
<title>HTML サンプル ページ</title>
>>>
```

要素の属性を取得するときには、要素に対して get() を使います。

次に示すのは、ページの <a> タグ内にある URL をすべて抽出するための一連のコードを Python インタープリタで実行したときの例です。

```
>>> import requests
>>> import bs4
>>>
>>> res = requests.get('http://progcosmos.info/sample.html')
>>> res.raise_for_status()
>>> soup = bs4.BeautifulSoup(res.content, "html.parser")
>>> for link in soup.find_all('a'):
...     print(link.get('href'))
...
ming.html
./programming.html
./master.html
oop.html
```

```
http://artkunst.info/index.html
index.html
>>>
```

12.2 XML ドキュメント

python で XML（Extensible Markup Language）ドキュメントファイル にアクセスするためには、xml モジュールを使います。

xml モジュールには、DOM と SAX という方法を使ってドキュメントにア クセスする手段も提供されています。

DOM（Document Object Model）は、ドキュメント全体を読み込んでメ モリ上にツリー構造で要素を保持して操作します。また、ゼロからメモリ上 にツリー構造のドキュメントを作成することもできます。

SAX（Simple API for XML）は、XML ドキュメントの要素を先頭から順 に 1 つずつ読み出して、読み出すごとにイベントを発生させてそのイベン トを処理することで XML ドキュメントを扱う手法です。

DOM や SAX を使って高度な操作ができますが、いずれもその全体を解説 することは本書の範囲を超えます。

【 XML ドキュメントを読み込む 】

ここでは、XML ドキュメントを読み込んで要素を取り出す方法を説明し ます。

次のような XML ファイルがあるものとします。

リスト12.1●sample.xml

```
<?xml version="1.0" encoding="UTF-8" ?>
<!-- sample.xml -->
```

```
<members>
  <member>
    <name age="22">椀子犬太</name>
    <email>wanwan@doggy.ca.jp</email>
  </member>
  <member>
    <name age="35">神尾睦月</name>
    <email>omutsuki@funny.xa.jp</email>
  </member>
  <member>
    <name age="27">花岡実太</name>
    <email>hanaoka@monky.ca.jp</email>
  </member>
</members>
```

　このファイルをロードして <name> タグの内容を取得するには、次のようにします。

　xml.etree.ElementTree.parse() で XML ファイルをロードしメモリ上にデータをツリー状で保持します（ここではその変数名を tree とします）。そして、tree.getroot() で XML のルートを取得してから、ルートに対して順次 <name> タグを取り出します。

```python
import xml.etree.ElementTree as ElTree

# XMLファイルをロードする
tree = ElTree.parse('sample.xml')

# XMLのルートを取得する
root = tree.getroot()

# <name>タグを取り出す
for name in root.iter('name'):
    print(name.text)
```

　タグの属性値を取り出したいときには次のようにします。

```
for name in root.iter('name'):
    print(name.attrib.get('age'))
```

【 XML ドキュメントを変更する 】

　XML ドキュメントの内容を変更するには、要素（タグ）のテキストや属性値を変更します。

　次の例は、\<email> のテキストである ' 椀子犬太 ' を ' 椀湾犬太 ' に変更します。

```
import xml.etree.ElementTree as ElTree

# XMLファイルをロードする
tree = ElTree.parse('sample.xml')

# XMLをルートを取得する
root = tree.getroot()

# <email>の'椀子犬太'を'椀湾犬太'に変更する
for name in root.iter('name'):
    if name.text == '椀子犬太':
        name.text = '椀湾犬太'
```

【 XML ドキュメントを保存する 】

　XML ドキュメントを保存するには、ツリーに対して write() を使います。

```
# XMLファイルに書き込む
tree.write('msample.xml', encoding='UTF-8')
```

　このとき、encoding に 'UTF-8' を指定している点に注目してください。
　ここまでで説明した XML ドキュメントの操作や保存のコードを 1 つにまとめると次のようになります。

リスト12.2●xmlsample.py

```python
# xmlsample.py
# -*- coding:utf-8 -*-
import xml.etree.ElementTree as ElTree

# XMLファイルをロードする
tree = ElTree.parse('sample.xml')

# XMLをルートを取得する
root = tree.getroot()

for name in root.iter('name'):
    print(name.text)
    print(name.attrib.get('age'))

# <email>の'椀子犬太'を'椀湾犬太'に変更する
for name in root.iter('name'):
    if name.text == '椀子犬太':
        name.text = '椀湾犬太'

# XMLファイルに書き込む
tree.write('msample.xml', encoding='UTF-8')
```

【 XML ドキュメントを生成する 】

　ここでは、DOM を使ってゼロから XML ドキュメントを生成する方法を説明します。

　ここで作成する XML ドキュメントの内容は次のようなものとします。

```
<root>
        <dogs>
                <name age="5">ポチ</name>
        </dogs>
</root>
```

DOM を使って XML ドキュメントを作成するには、最初に DOM オブジェクトを作成します。

```
# DOMオブジェクトを作成する
dom = xml.dom.minidom.Document()
```

XML ドキュメントには必ずルート要素が 1 つ必要なので、まず root ノードを作成して、DOM オブジェクトに追加します。root ノードは 1 つの要素（エレメント）なので、dom.createElement() を使って作成します。そして appendChild() を使って DOM オブジェクトに追加します。

```
# rootノードを作成して追加する
root = dom.createElement('root')
dom.appendChild(root)
```

次に <dogs> を作成してルートに追加します。タグ（とその内容）も 1 つの要素なので、dom.createElement() を使って作成します。そして appendChild() を使って root ノードに追加します。

```
# dogsノードの生成
dogsnode = dom.createElement('dogs')
# rootに追加
root.appendChild(dogsnode)
```

さらに <name> を作成して <dogs> に追加します。

```
# dogノードの生成
dognode = dom.createElement('name')
dognode.appendChild(dom.createTextNode("ポチ"))
```

最後に、<name> に属性「age="5"」を追加します。属性は dom.createAttribute() で作成し、dognode.setAttributeNode() で属性をノードに設定します。

```
# dogにattributeとvalueを設定
dog_attr = dom.createAttribute('age')
dog_attr.value = '5'
dognode.setAttributeNode(dog_attr)
dogsnode.appendChild(dognode)
```

これで、メモリ上に XML ドキュメントが作成されました。

メモリ上の DOM オブジェクトを xml ドキュメントに変換するために dom.toprettyxml() を呼び出します。

```
# domをxmlドキュメントに変換する
xmldoc = dom.toprettyxml()
```

これが実行されると、変数 xmldoc に文字列で XML ドキュメントが保存されます。

これをファイルに保存すれば、XML ドキュメントのファイルができます。

```
# 出力する
f = open('created.xml', mode='w', encoding='UTF-8')
                        # 書き込みモードで開く
f.write(xmldoc)         # 文字列をファイルに書き込む
f.close()               # ファイルを閉じる
```

まとめると、XML ドキュメントを新しく作成してファイルに保存するプログラムは次のようになります。

リスト12.3●createxml.py

```
# createxml.py
# -*- coding:utf-8 -*-
import xml.dom.minidom

# DOMオブジェクトを作成する
dom = xml.dom.minidom.Document()

# rootノードを作成して追加する
```

```
root = dom.createElement('root')
dom.appendChild(root)

# dogsノードの生成
dogsnode = dom.createElement('dogs')
# rootに追加
root.appendChild(dogsnode)

# dogノードの生成
dognode = dom.createElement('name')
dognode.appendChild(dom.createTextNode("ポチ"))

# dogにattributeとvalueを設定
dog_attr = dom.createAttribute('age')
dog_attr.value = '5'
dognode.setAttributeNode(dog_attr)
dogsnode.appendChild(dognode)

# domをxmlドキュメントに変換する
xmldoc = dom.toprettyxml()

# 出力する
f = open('created.xml', mode='w', encoding='UTF-8')
                           # 書き込みモードで開く
f.write(xmldoc)            # 文字列をファイルに書き込む
f.close()                  # ファイルを閉じる
```

このプログラムを実行すると、次のような XML ファイルが生成されます。

リスト12.4●created.xml

```
<?xml version="1.0" ?>
<root>
        <dogs>
                <name age="5">ポチ</name>
        </dogs>
</root>
```

13

バーコード

ここでは、バーコードをデコードしたり
バーコードイメージを作成する方法を説
明します。

13.1 バーコードのデコード

Pythonでバーコードや2次元バーコード（QRコード）を、デコード（文字列のような見てわかる表現に変換）したり、作成するときには、バーコードをイメージとして扱います。

【 バーコードをデコードする 】

バーコードをイメージ（画像）として読み取ってから、デコードします。

あらかじめ、pyzbarとpillowをインストールします。pyzbarとpillowはOSのコマンドプロンプトから次のコマンドでインストールできます。

```
> python -m pip install pyzbar
> python -m pip install pillow
```

サポートされているバーコードの種類は、barcode.PROVIDED_BARCODESで調べることができます。

```
>>> import barcode
>>> barcode.PROVIDED_BARCODES
['code128', 'code39', 'ean', 'ean13', 'ean14', 'ean8', 'gs1',
'gs1_128', 'gtin', 'isbn', 'isbn10', 'isbn13', 'issn', 'itf',
'jan', 'pzn', 'upc', 'upca']
>>>
```

モジュールがサポートするコードの種類はバージョンによって異なります。

バーコードイメージは、`pyzbar.pyzbar.decode()` でデコードします。

次のプログラムは、samplebar.jpg という画像ファイルに保存されているバーコードをデコードして内容を出力する例です。

リスト13.1●decodebar.py

```
# decodebar.py
# -*- coding:UTF-8 -*-
import pyzbar.pyzbar # decode
from PIL import Image

# 画像ファイルの指定
image = "samplebar.jpg"

# バーコードをデコードする
data = pyzbar.pyzbar.decode(Image.open(image))

# コードの内容を出力する
print(data[0][0].decode('utf-8', 'ignore'))
```

このプログラムではさまざまな形式のバーコードを読み取ることができ、ほとんどの2次元バーコード（QRコード）も読み取ることができます。

13.2 バーコードの作成

Python でバーコードを作成するときには、バーコードを SVG 形式のイメージ（画像）として作成します。

【 バーコードを作成する 】

バーコードを SVG 形式のイメージ（画像）として作成します。

　あらかじめ、python-barcode をインストールします。python-barcode は OS のコマンドプロンプトから次のコマンドでインストールできます。

```
> python -m pip install python-barcode
```

　バーコードイメージは、barcode.get_barcode_class() でバーコードクラスを取得してからバーコードを生成し、ean.save() でファイルに出力します。
　次のプログラムは、バーコードを生成してファイルに出力する例です。

リスト13.2●genbar.py

```
# genbar.py
# -*- coding:UTF-8 -*-
import barcode

code="123456789012"

# EANバーコードを作成する
EAN = barcode.get_barcode_class('ean13')
ean = EAN(code)
# SVGで出力する
ean.save('barcode')
```

1234567890128

図13.1●生成したバーコード

SVG 形式のイメージファイルは、ほとんどの Web ブラウザで表示
できます。

【 QR コードを作成する 】

QR コードを作成するために pyqrcode をインストールします。

```
> py -m pip install pyqrcode
```

また、ここで示すサンプルコードでは pyqrcode の内部で png モジュー
ルも使うので、これもインストールしておきます。

```
> py -m pip install pypng
```

必要なものをインポートしたら、pyqrcode.create() で作成することが
できます。

リスト13.3 ● genqrcode.py

```
# genqrcode.py
# -*- coding:utf-8 -*-
import pyqrcode

qr = pyqrcode.create(content='http://cutt.co.jp/')
qr.png(file='qrsample.png')
```

この単純なコードで、QR コードのイメージファイル qrsample.png が生成
されます。

図13.2●作成したQRコード

　このようにして作成される QR コードが小さいと思われる場合は、保存する際に scale を指定することで、大きさを変更することができます。たとえば、より大きな QR コードを出力したい場合は、次のようにします。

```
import pyqrcode

qr = pyqrcode.create(content='http://cutt.co.jp/')
qr.png(file='qrbigger.png', scale=2)
```

付録

Python の使い方

ここでは、Python のインストールと環境設定、基本的な使い方について説明します。

A.1 Python のバージョン

本書執筆時点での最新版のバージョンは 3.7.3 です。特に理由がなければ、最新バージョンをインストールしてください。

Python 2 と Python 3 は互換性がない部分が数多くあります。本書にそって学習する場合は Python 3.6 以降をインストールすることを推奨します。

本書の GUI アプリでグラフィックスの基礎として tkinter を使っているために、Tk をサポートする Python が必要です。使用している Python が Tk をサポートするかどうか調べるには、「import tkinter」を実行してみます。エラーが報告されなければ Tk をサポートしています。

また、使用する Python のバージョンに適合した pygame というモジュールをインストールする必要があります。その他、目的に応じて本文で説明しているモジュール（パッケージ）をインストールする必要がある場合があります。

A.2　インストール

Python の Web サイト（https://www.python.org/）のダウンロードページから、プラットフォームとバージョンを選択してインストールします。選択したプラットフォーム／バージョンにインストーラーやインストールパッケージが用意されている場合は、それをダウンロードしてインストールする方法が最も簡単です。

Linux や macOS（Mac OS X）の場合は、ディストリビューションに Python のパッケージが含まれている場合が多く、特に Python をインストールしなくても Python を使える場合が多いでしょう。ただし、インストールされているのが Python 2 であったり、Python がインストールされていない場合は、Python の Web サイト（https://www.python.org/）から Python 3 をインストールします。

Linux や macOS など UNIX 系 OS の環境は多様で、環境によってインストール方法も異なります。特定の環境に対するインストールに関するご質問にはお答えできません。必要に応じて Web で検索してください。

Linux など UNIX 系 OS でパッケージ管理アプリがあって、それを使って 3.6 以降の Python をインストールできる場合はそれを使ってインストールするのが良いでしょう。

UNIX 系 OS でソースコードをダウンロードしてからビルドしてインストールする場合の標準的な手順は次の通りです。

```
$ cd /tmp
$ wget http://www.python.org/ftp/python/3.7.0/Python-3.7.0.tgz
$ tar -xzvf Python-3.7.0.tgz
$ cd Python-3.7.0
```

```
$ ./configure
$ make
$ make test
$ sudo make install
```

パッケージのインストール

UNIX系OSでaptをサポートしている場合に、特定のパッケージをインストールするときには、典型的には次のコマンドを使います。

```
$ sudo apt install package
```

たとえば、python3-tkパッケージをインストールするには次のようにします。

```
$ sudo apt install python3-tk
```

また、たとえば、idleパッケージをインストールするには次のようにします。

```
$ sudo apt install idle
```

Linuxでyum/rpmをサポートしている場合には次の手順でインストールできます。
まず、IUSというリポジトリを追加します。

```
$ sudo yum install -y
        └ https://centos7.iuscommunity.org/ius-release.rpm
```

最新の 3.x（次の例では 3.6）の必要なパッケージをインストールします。

```
$ sudo yum install python36u python36u-libs python36u-devel
                                    └ python36u-pip
```

次のようにすることでパッケージを検索することができます。

```
$ sudo yum search python36
```

tkinter パッケージを検索してインストールするときには、たとえば次のようにします。

```
$ sudo yum search tk
$ sudo yum install python36u-tkinter.x86_64
```

 これらの情報は本書執筆時点の情報です。URL やバージョンなどは変わる可能性があります。

モジュールのインストール

ここでは Python に組み込まれていないモジュールのインストール方法を説明します。

一般的に、モジュールは OS のコマンドラインで次のコマンドでインストールすることができます（このコマンドを実行するときには、環境によっては管理者（ルート）として実行する必要がある場合があります）。

```
> python -m pip install module
```

　たとえば、pygame をインストールするときには、次のコマンドラインを
使います。

```
> python -m pip install pygame
```

　python 3.7 から pygame をインストールしたときの様子を次に示します。

```
C:¥Users¥notes>py -m pip install pygame
Collecting pygame
  Downloading https://files.pythonhosted.org/packages/ed/56/b63ab3724
acff69f4080e54c4bc5f55d1fbdeeb19b92b70acf45e88a5908
/pygame-1.9.6-cp37-cp37m-win_amd64.whl (4.3MB)
     100% |████████████████████████████████| 4.3MB
3.4MB/s
Installing collected packages: pygame
Successfully installed pygame-1.9.6
You are using pip version 19.0.3, however version 19.1.1 is available.
You should consider upgrading via the 'python -m pip install --upgrade
pip' command.
```

　また、たとえば、matplotlib モジュールは、OS のコマンドラインで次
のコマンドラインを使ってインストールすることができます。

```
> python -m pip install matplotlib
```

　また、たとえば、Microsoft Excel のファイルを読み書きするときに使う
xlrd と xlwt や openpyxl をインストールするときには、次のコマンドラ
インを使います。

```
> python -m pip install xlrd
> python -m pip install xlwt
> python -m pip install openpyxl
```

　python-docx ライブラリをインストールするときには次のコマンドを実

行します。

```
> python -m pip install python-docx
```

モジュールが公開されているサイトからダウンロードしてインストールすることができる場合もあります。

たとえば、pygame の場合は、下記のサイトから適切なファイルをダウンロードしてインストールすることもできます。Windows にインストールするのであれば、インストーラー（.msi ファイル）か実行可能ファイル（.exe ファイル）をダウンロードして実行することができます。

http://pygame.org/download.shtml

pygame インストール後には、「python -m pygame.examples. aliens」でエイリアンゲームが開いてプレイできれば pygame は正常にインストールされていることが確認できます。

モジュールのアップグレード

モジュールをアップグレードするときには次のコマンドを使います。

```
> python -m pip install --upgrade module
```

Python はさまざまな環境で使うことができますが、その組み合わせは無限にあり、筆者／編集者が特定の環境で発生する問題を再現することはできません。特定の環境に対する Python のインストールおよびモジュール／パッケージのインストールに関するご質問にはお答えできません。必要に応じて Web で検索してください。

トラブルシューティング

ここでは、よくあるトラブルとその対策を概説します。

B.1 Python の起動や環境構築

Python を起動するために発生することがあるトラブルとその対策は次の通りです。

▌Python が起動しない

- システムに Python をインストールする必要があります。python の代わりに環境に応じて、python3、python3.6、bpython、bpython3 などをインストールしてもかまいません。
- 最も一般的なコマンドの名前はすべて小文字の python です。しかし、コマンドの名前は、python 以外に、py、python3、python3.6（または python3*x*)、bpython、bpython3 などである場合があります。
- Python が存在するディレクトリ（フォルダ）にパスが通っていないと Python が起動しません。パスを通すという意味は、環境変数 PATH に Python の実行可能ファイルがあるディレクトリが含まれているということです（Windows のインストーラーでインストールした場合は正しく設定されているはずです）。

Python が起動するかどうかは、Python のコマンド名に引数 -V を付けて実行し、バージョンが表示されるかどうかで調べることができます。

```
$ python3 -V
Python 3.6.5
```

Python がないと報告される

- Python の最も一般的なコマンドの名前はすべて小文字の python です。しかし、コマンドの名前は、python 以外に、py、python3、python3.6（または python3x）、bpython、bpython3 などである場合があります。

GUI（グラフィックス）アプリを作れない

- 本書ではグラフィックスの基礎として tkinter モジュールや pygame モジュールを使っているために、Tk をサポートした Python のバージョンと pygame のインストールが必要です（必要に応じて python-tk/python3-tk パッケージをインストールする必要があります）。tkinter が使えるかどうかは、Python のインタープリタで「import tkinter」を実行してみるとわかります。

pip が古いというメッセージが表示される

- 「python -m pip install --upgrade pip」を実行して pip をアップグレードしてください。

モジュールをインストールできない

- pip やその他のインストールで使うツールをアップグレードしてください。
- whl を直接インストールしてください。たとえば、Python 3.7 で

pyaudio をインストールするときには次のようなコマンドを使います。

```
> python -m pip install PyAudio-0.2.11-cp37-cp37m-win_amd64.whl
```

B.2 Python 実行時のトラブル

Python を起動した後や、Python でスクリプトファイル（.py ファイル）を実行する際に発生することがあるトラブルとその対策は次の通りです。

┃ モジュールをインポートできない／「No module named xxx」が表示される

「ModuleNotFoundError: No module named '*xxx*'」と報告されてモジュールがインポートできない場合は、次のような点をチェックします。

● モジュール名を間違えていないかチェックしてください。
● 標準で Python でサポートされていないモジュールは、インポートする前にシステムにインストールする必要があります。
● Python のバージョンをより新しいバージョンに更新してください。
● 環境変数 PATH に Python の実行ファイルとスクリプトがあるパス（PythonXY; PythonXY/Scripts など）を追加してください。
● 環境変数 PYTHONPATH にモジュール（PythonXY; PythonXY/Scripts; PythonXY/Lib; PythonXY/lib-tk など）がある場所を追加して、モジュールにアクセスできるようにしてください。
● 「No module named tkinter」（tkinter モジュールが見つからない）というメッセージが表示された場合は、tkinter モジュールが検索できないか、インストールされていません。モジュールにアクセスできるようにするか、あるいは、サポートしているバージョンの Python を

インストールしてください。たとえば、バージョン 3.0 以前の Python
では、tkinter に含まれるモジュールの場所と名前がわかりにくいこ
とがあるので、可能な限り最新の Python をインストールすることをお
勧めします。

- 見つからないと報告されているモジュールを、実行するプログラム（ス
  クリプト）と同じフォルダ（ディレクトリ）にコピーしてください。
- 大文字／小文字を実際のファイル名と一致させてください。たとえば、
  tkinter を Tkinter にします。

■ 認識できないコードページであるというメッセージが表示される。

次のようなメッセージが表示されることがあります。

```
Fatal Python error: Py_Initialize: can't initialize sys standard
streams
LookupError: unknown encoding: cp65001

This application has requested the Runtime to terminate it in an
unusual way.
Please contact the application's support team for more information.
```

- Windows のコマンドプロンプトの場合、コードページ 65001 の
  UTF-8 か、コードページ 932 のシフト JIS に設定されているでしょう。
  chcp コマンドを使ってコードページを変更してください。コードペー
  ジを 932 に変更するには、OS のコマンドプロンプトに対して「chcp
  932」と入力します。
- Windows の種類によっては、コードページが 932 の cmd.exe
  （C:¥Windows¥System32¥cmd.exe）のコマンドプロンプトから実行す
  ると、この問題を解決できる場合があります。

■ 「IndentationError: unexpected indent」が表示される

● インデントが正しくないとこのメッセージが表示されます。
  (C/C++ や Java など多くの他のプログラミング言語とは違って)
  Python ではインデントが意味を持ちます。前の文より右にインデント
  した文は、前の文の内側に入ることを意味します。
  単純に式や関数などを実行するときにその式や関数名の前に空白を入
  れると、インデントされているものと解釈されてエラーになります。
● インデントすべきでない最初の行の先頭に空白を入れると、このメッ
  セージが表示されます。

■ 「SyntaxError」が表示される

● プログラムコード（文）に何らかの間違いがあります。コードをよく
  見て正しいコードに修正してください。
● Python 3 では関数呼び出しの引数を () で囲みますが、Python 2 では
  () で囲みません。たとえば、Python 3 では「print(x)」、Python 2
  では「print x」です。
● エラーが報告された行の 1 行前のコードが間違っているために、次の
  行の文法エラーとして報告されることがあります。前の行に間違いが
  ないかチェックしてください。
● 本書で >>> と記載してあるものは、Python の対話型インタープリタ
  のプロンプトです。これはインタープリタで対話型で実行することを
  意味します。サンプルコードとして「>>> print('abc')」と紙面に
  記載されていたら、インタープリタで対話型で実行するときには「>>>
  print('abc')」と入力するのではなく、「print('abc')」と入力し
  ます。スクリプトファイル（*.py や *.pyw などのファイル）に書くと
  きには、「print('abc')」と入力します。

「SyntaxError: Missing parentheses in call to 'xxx'.」が表示される

- Python 3.0 以降は、関数の呼び出しに () が必要です。たとえば、「print('Hello')」とする必要があります。Python 2 では「print 'Hello'」で動作しましたが、これは古い書き方であり、Python 3.0 以降では使えません。古い書籍や資料、Web サイト、サンプルプログラムなどを参考にする場合には対象としている Python のバージョンに注意する必要があります。

「SyntaxError: EOL while scanning string literal」が表示される

- 文字列リテラルを、' 〜 ' か " 〜 " で正しく囲んでいない可能性があります。同じ記号で囲まなければなりません。たとえば、「'abc"」は間違いです。
- 文字列の中に文字列を含ませるときには、' 〜 ' の内側で " 〜 " を使うか、" 〜 " の内側で ' 〜 ' を使います。たとえば、「'abc" あいうえお "xyz'」は正しい表現ですが、「'abc" あいうえお 'xyz"」は間違いです（この場合は invalid syntax になります）。

「NameError: name 'xxx' is not defined」が表示される

- 定義していない名前 *xxx* を使っています。タイプミスがないか調べてください。
  インポートするべきモジュールを読み込んでいないときにもこのエラーが表示されます。たとえば、sqlite3 をインポートしていないのに使おうとすると、「NameError: name 'sqlite3' is not defined」が表示されます。

「AttributeError: 'xxx' object has no attribute 'yyy'」 が表示される

- *xxx* というオブジェクトの属性（またはメソッド）*yyy* が存在しません。 名前を間違えていないか、あるいはタイプミスがないか調べてください。

「(null): can't open file 'xxx.py': [Errno 2] No such file or directory」が表示される

- Python のスクリプトファイル *xxx*.py がないか、別のフォルダ（ディ レクトリ）にあります。OS の cd コマンドを使ってカレントディレク トリを Python のスクリプトファイル *xxx*.py がある場所に移動するか、 あるいは、ファイル名の前にスクリプトファイルのパスを指定してく ださい。

「module 'xxx' has no attribute 'yyy'」 と表示される

- Python の多くのモジュールはバージョンごとに拡張されていて、新し い関数が追加されています。実行時にこのエラーメッセージが出力さ れる場合はそのバージョンのモジュール xxx では関数 yyy がサポート されていない場合があります。
- 単純なタイプミスの可能性があります。

音が鳴らない

- スピーカーなど接続、サウンドの設定などに問題がないか、他のアプ リなどを使って確認してください。
- SoundBlaster などのサウンドカードを使っている場合、ドライバのサ ポート状況などによって音が鳴らないことがあります。サウンドカー ドを取り外して標準のサウンドで試してみてください。

▌本書の記述通りにコードを打ち込んだがエラーになる。

- 例として掲載した断片的なコードをやみくもに入力しても動作しま
  せん。たとえば、あるコードを実行するためには、モジュールをイン
  ポートしたり、読み込むファイルを準備したり、データベースに接続
  したりする必要があります。必ずそれまでの説明を良く理解してから、
  必要な準備を行ったうえでコードを実行してください。

参考リソース

ここには役立つ Python のサイトや書籍を掲載します。

- Python のサイト
  https://www.python.org/

- Python に関する完全な解説
  https://docs.python.org/ja/3/

- Python のさまざまなドキュメント
  https://docs.python.org/

- 日本 Python ユーザー会の Web サイト
  http://www.python.jp/

- Python の入門書
  『やさしい Python 入門 第 2 版』、日向俊二著、カットシステム、
  ISBN978-4-87783-443-2

- math のドキュメント
  https://docs.python.org/ja/3/library/math.html

- tkinter のドキュメント
  https://docs.python.org/ja/3/library/tkinter.html

- pygame
  http://pygame.org/

- pygame のドキュメント
  http://pygame.org/docs/
  http://westplain.sakuraweb.com/translate/pygame（日本語訳）

- BeautifulSoup のドキュメント
  https://www.crummy.com/software/BeautifulSoup/bs4/doc/

- Python とデータベース
  『Python データベースプログラミング入門』、日向俊二著、カットシステム、ISBN978-4-87783-462-3

- Python ゲームプログラミング
  『ゲーム作りで学ぶ Python』、日向俊二著、カットシステム、ISBN978-4-87783-457-9

■ 著者プロフィール

日向 俊二（ひゅうが・しゅんじ）

フリーのソフトウェアエンジニア・ライター。

前世紀の中ごろにこの世に出現し、FORTRAN や C、BASIC でプログラミングを始め、その後、主にプログラミング言語とプログラミング分野での著作、翻訳、監修などを精力的に行う。わかりやすい解説が好評で、現在までに、C#、C/C++、Java、Visual Basic、XML、アセンブラ、コンピュータサイエンス、暗号などに関する著書・訳書多数。

Python 活用ハンドブック

2020 年 1 月 10 日　　　初版第 1 刷発行

著　者	日向 俊二　著	
発行人	石塚 勝敏	
発　行	株式会社 カットシステム	
	〒 169-0073 東京都新宿区百人町 4-9-7　新宿ユーエストビル 8F	
	TEL（03）5348-3850　　FAX（03）5348-3851	
	URL　http://www.cutt.co.jp/	
	振替　00130-6-17174	
印　刷	シナノ書籍印刷 株式会社	

本書に関するご意見、ご質問は小社出版部宛まで文書か、sales@cutt.co.jp 宛に e-mail でお送りください。電話によるお問い合わせはご遠慮ください。また、本書の内容を超えるご質問にはお答えできませんので、あらかじめご了承ください。

Cover design　Y.Yamaguchi　　　© 2019 日向俊二

Printed in Japan　ISBN978-4-87783-472-2